Basiswissen

Politik / Geschichte / Ökonomie

Christoph Butterwegge

Armut

PapyRossa Verlag

Eine Übersicht aller Titel der PapyRossa-Reihe Basiswissen Politik / Geschichte / Ökonomie finden Sie unter shop.papyrossa.de/basiswissen

5., aktualisierte und erweiterte Auflage 2021

Luxemburger Str. 202, D-50937 Köln
Tel.: +49 (0) 221 – 44 85 45
Fax: +49 (0) 221 – 44 43 05
E-Mail: mail@papyrossa.de
Internet: www.papyrossa.de

Druck: Interpress

Die Deutsche Nationalbibliothek verzeichnet diese Publikation in der Deutschen Nationalbibliografie; detaillierte bibliografische Daten sind im Internet über http://dnb.d-nb.de abrufbar

ISBN 978-3-89438-625-2

Inhalt

Einleitung 6

1.
»Armut« – ein heftig umkämpfter, aber kein Kampfbegriff 8

2.
Die bisherige Armuts- und Reichtumsberichterstattung der Bundesregierung: Daten statt Taten? 33

3.
Reichtumsförderung statt Armutsbekämpfung: Warum die Regierenden eine unsoziale Politik machen 71

4.
Der fragwürdige Umgang mit Armut und Armen 91

5.
Scheinbare und wirkliche Alternativen zur Armut 116

Literaturauswahl 141

Einleitung

Was ist Armut? Gibt es dafür eine allgemein verbindliche Definition, auf die sich Fachwissenschaftler/innen, Journalist(inn)en und verantwortliche Politiker/innen einigen können? Existiert Armut etwa auch im wohlhabenden, wenn nicht reichen Deutschland? Falls ja, wie entsteht sie und wer ist davon betroffen oder bedroht? Auf diese und ähnliche Fragen gibt es unterschiedliche, manchmal auch gegensätzliche Antworten, was ebenso der Erklärung bedarf wie das Phänomen selbst. Kann man ihm wirksam begegnen, und wenn ja, welche Gegenmaßnahmen versprechen nachhaltigen Erfolg?

Jeder weiß, dass Armut in Berlin, Köln oder München anders erlebt und erlitten wird als in Beirut, Kalkutta oder Mombasa. Während manche Kommentatoren dies als Beleg dafür ansehen, dass hierzulande nur »auf hohem Niveau gejammert« wird, weisen andere darauf hin, dass Armut in einem reichen Land demütigender, erniedrigender und deprimierender sein kann als Armut in einem Land, wo sie fast jede/n trifft. Kann man »Dritte Welt«-Elend, das sich mit der vermehrten Fluchtmigration nach Europa auch hierzulande ausgebreitet hat, und den vielleicht nur vorübergehenden Hartz-IV-Bezug einheimischer Arbeitnehmer/innen wirklich unter denselben Begriff subsumieren? Oder führt der Terminus »Armut« total in die Irre, wenn es um soziale Randlagen in einem ausgesprochen wohlhabenden Land wie der Bundesrepublik geht?

Das vorliegende Buch wendet sich an Leser/innen, die sich über das Problem der Armut, der Unterversorgung und der sozialen Ausgrenzung von Menschen bzw. seine Dimension, Entstehung und Entwicklung informieren, den Umgang von

Politik, (Medien-)Öffentlichkeit und Fachwissenschaft damit fundiert kritisieren und sich an der Diskussion über seine Ursachen sowie mögliche Gegenmaßnahmen sachkundig beteiligen wollen. Hingegen dürften Leser/innen, die in einem Buch über Armut neue Betroffenenzahlen, aktuelle Statistiken und »harte Fakten« sowie aufschlussreiche Diagramme zur Einkommens- und Vermögensverteilung suchen, also eine deskriptiv-empirische Herangehensweise favorisieren, enttäuscht werden. Die von mir gewählte Darstellungsweise widersetzt sich dem üblichen (journalistischen) Zugriff und Zahlenfetischismus, der das Problem auf die statistische Erfassung sowie die möglichst exakte Quantifizierung von Armut reduziert. Mir geht es mehr darum, Hintergründe zu erhellen und Zusammenhänge herzustellen. Denn obwohl die Massenmedien immer wieder über eine Zunahme der Armut berichten, wird kaum etwas gegen sie unternommen, wenn man darunter nicht karitatives Engagement zur Linderung sozialer Not, sondern die Beseitigung struktureller Ursachen eines gesellschaftlichen Problems versteht.

Im ersten Kapitel wird der Armutsbegriff erörtert und nach den Ursachen des Problems sowie Möglichkeiten seiner empirischen Untersuchung gefragt. Das zweite Kapitel unternimmt einen Streifzug durch die Armuts- und Reichtumsberichte der letzten Jahrzehnte. Warum die Bundesregierung eher den Reichtum fördert als die Armut bekämpft, erörtert das dritte Kapitel. Wie unterschiedliche politische Strömungen (Konservatismus, Neoliberalismus und Rechtspopulismus) mit der Armut und den Armen umgehen, untersucht das nächste Kapitel. Abschließend geht es um Wege und Irrwege der Armutsbekämpfung. Die umfangreiche, nach inhaltlichen Kriterien gegliederte Literaturauswahl am Ende des Buches eröffnet seinen Leser(inne)n die Möglichkeit, einzelne Aspekte des Themas zu vertiefen. Wenn sich möglichst viele Menschen damit befassen, wachsen die Chancen, dass in Staat und Gesellschaft ein Umdenken im Hinblick auf mehr Solidarität und soziale Gerechtigkeit stattfindet.

1. »Armut« – ein heftig umkämpfter, aber kein Kampfbegriff

Kaum ein Terminus ist hierzulande ähnlich umstritten wie jener der Armut, den vor allem Konservative und Neoliberale für einen politischen Kampfbegriff halten und nur auf Not und Elend in der sog. Dritten oder Vierten Welt angewendet wissen möchten. Dass Armut – obgleich in anderer, meist weniger spektakulärer Form – auch hierzulande existiert, wird von manchen Kommentatoren strikt geleugnet.[1] Seitdem das nach 1945 auf- bzw. ausgebaute System der sozialen Sicherung zumindest sozialversicherungspflichtig Beschäftigte und ihre Familien vor existenzieller Not halbwegs bewahrt, dient Armut in (West-)Deutschland jedoch zur Charakterisierung einer besonders prekären Lebenslage, zur Kennzeichnung des Mangels bestimmter Personengruppen an Teilhabemöglichkeiten und zur Klassifizierung der mit Abstand beschämendsten Form sozialer Ungleichheit.

1.1 Grundformen der Armut: absolutes Elend, relative Unterversorgung und soziale Ausgrenzung

Armut ist kein Phänomen, das alle Menschen in gleicher Weise betrifft und wahrnehmen, sondern ein gesellschaftliches Kon-

---

1 Vgl. mit zahlreichen Belegen: Christoph Butterwegge, Armut in einem reichen Land. Wie das Problem verharmlost und verdrängt wird, 4. Aufl. Frankfurt am Main / New York 2016; ergänzend: Christoph Lorke, Armut im geteilten Deutschland. Die Wahrnehmung sozialer Randlagen in der Bundesrepublik und der DDR, Frankfurt am Main / New York 2015

strukt,[2] das Politik, Wissenschaft und Medien entwerfen, formen bzw. beeinflussen. Es handelt sich um einen relationalen Begriff, der auf einer gesellschaftlichen Zuschreibung beruht, und ein Phänomen, dessen Wahrnehmung und Bewertung nicht bloß von den sozioökonomischen Rahmenbedingungen und den herrschenden Wertvorstellungen, sondern auch von dem Erfahrungshorizont, der gesellschaftlichen Stellung und dem weltanschaulichen, religiösen bzw. politischen Standort des jeweiligen Betrachters abhängen. So wie jemand arm ist, den die Gesellschaft dazu erklärt und den sie staatlicher Unterstützung prinzipiell für bedürftig erachtet,[3] ist jener Armutsbegriff hegemonial, der im öffentlichen und Fachdiskurs dominiert. Daher gibt es keine allgemein verbindliche Definition von Armut, sondern in der Fachliteratur bloß den Versuch, das Problem durch die Unterscheidung zwischen absoluter, extremer oder existenzieller Armut einerseits sowie relativer Armut andererseits zu bewältigen.

Karl Marx verwendete in seinen »Grundrissen zur Kritik der politischen Ökonomie«, die im Rohentwurf 1857/58 entstanden, den Begriff »absolute Armut« zwei Mal in Verbindung mit der (Industrie-)Arbeit seiner Zeit, um die Verelendung der Proletarier als ein »völliges Ausschließen des gegenständlichen Reichtums« zu kennzeichnen.[4] Von *absoluter* Armut ist betroffen, wer seine Grundbedürfnisse nicht zu befriedigen vermag, also die für das Überleben notwendigen Nahrungsmittel, sicheres Trinkwasser, eine den klimatischen Bedingungen angemessene Kleidung und Wohnung sowie

2 Vgl. Herbert Jacobs, Armut. Zum Verhältnis von gesellschaftlicher Konstituierung und wissenschaftlicher Verwendung eines Begriffs, in: Soziale Welt 4/1995, S. 410

3 Vgl. Georg Simmel, Soziologie. Untersuchungen über die Formen der Vergesellschaftung, Frankfurt am Main 1992, S. 551

4 Siehe Karl Marx, Grundrisse zur Kritik der politischen Ökonomie (Rohentwurf) 1857-1858, 2. Aufl. Berlin (DDR) 1974, S. 203

eine medizinische Basisversorgung entbehrt. Heute beginnt die absolute Armut laut Angaben der Weltbank kaufkraftgewichtet bei 1,90 US-Dollar pro Tag. Stefan Sell spricht in diesem Zusammenhang von einer »veterinärmedizinischen« Definition der Armut,[5] welcher in einem reichen Land nur Zyniker folgen können.

Der Frankfurter Ökonom Richard Hauser weist darauf hin, dass selbst das *physische* Existenzminimum sowie die Grenze zur *absoluten* Armut nur schwer festzulegen sind, weil sie beispielsweise davon abhängen, ob es sich um ein warmes oder um ein kaltes Land handelt, in dem jemand lebt. Wer in Sibirien keinen Pullover besitzt, ist höchstwahrscheinlich arm; wer südlich der Sahara wohnt und keinen Pullover besitzt, ist deshalb noch lange nicht arm. Fast alle Mangellagen, die nicht sofort zum Tod der davon betroffenen Menschen führen, sind relativ. Beispielsweise spielen kulturelle bzw. religiöse Tabus im Hinblick auf die Frage, was gegessen und getrunken werden darf, eine wichtige Rolle: »Selbst eine absolute Armutsgrenze kann also nur relativ im Hinblick auf die natürliche Umgebung und die Gesellschaft, in der die Menschen leben, bestimmt werden.«[6] Man könnte in diesem Zusammenhang von einer sozialwissenschaftlichen Relativitätstheorie der Armut sprechen: Diese ist nie ohne ihr jeweiliges gesellschaftliches Umfeld zu begreifen, sondern nur, wenn man das spezifische Verhältnis berücksichtigt, in dem die Betroffenen zu ihren Mitbürger(inne)n und deren Lebensweise stehen.

---

5 Siehe Stefan Sell, Das ist keine Armut, sondern »nur« Ungleichheit? – Plädoyer für eine »erweiterte Armutsforschung« durch eine explizit ökonomische Kritik der Ungleichheit, in: Ulrich Schneider (Hg.), Kampf um die Armut. Von echten Nöten und neoliberalen Mythen, Frankfurt am Main 2015, S. 86

6 Richard Hauser, Das Maß der Armut: Armutsgrenzen im sozialstaatlichen Kontext. Der sozialstatistische Diskurs, in: Ernst-Ulrich Huster/Jürgen Boeckh/Hildegard Mogge-Grotjahn (Hg.), Handbuch Armut und Soziale Ausgrenzung, Wiesbaden 2008, S. 96

Alexis de Tocqueville verfasste 1835 und 1838 zwei Denkschriften über die Massenarmut in modernen Gesellschaften und über Möglichkeiten zu ihrer Bekämpfung. Darin konstatierte der bekannte Philosoph, Historiker und Publizist, dass sich die Armut in einem wohlhabenden Staat wie England von der in seinen Kolonien tiefgreifend unterscheidet: »Bei den Hochkulturvölkern ist das Fehlen einer Vielzahl von Dingen der Grund für Armut. Bei den Wilden bedeutet Armut, daß man sich nicht ernähren kann.«[7] Damit wies der französische Adlige bereits auf die Relativität der Armut und den Umstand hin, dass Letztere vom gesellschaftlichen Entwicklungsgrad abhängt: »Der Zivilisationsfortschritt konfrontiert die Menschen nicht nur mit vielen neuen Notlagen. Er veranlaßt die Gesellschaft auch, Nöte zu mildern, die man in einem nur halb zivilisierten Staat kaum wahrnehmen würde.«[8]

Während die absolute Armut eine existenzielle Mangelerscheinung ist, verweist die relative Armut auf den Wohlstand, der sie hervorbringt. Denn ursächlich dafür ist nicht etwa das Verhalten der Betroffenen, ausschlaggebend sind vielmehr die sozioökonomischen Verhältnisse, unter denen sie leben (müssen). In einer so reichen Gesellschaft wie der unseren ist Armut

---

7 Alexis de Tocqueville, Über den Pauperismus. Erste Denkschrift (1835): Das allmähliche Fortschreiten der Massenarmut in den modernen Staaten, in: ders., Das Elend der Armut. Über den Pauperismus, Berlin 2007, S. 19. Vgl. auch Manfred Füllsack, Armut als Konstrukt. Nachwort zu Alexis de Tocquevilles Mémoires sur le paupérisme; ebd., S. 72

8 Alexis de Tocqueville, Über den Pauperismus, a. a. O., S. 20. Tocqueville identifizierte den Zivilisationsfortschritt als wesentliche Determinante für die Armutsbemessung und prophezeite, dass sich die Gesellschaft vervollkommnen werde: »Das Leben wird in Zukunft einfacher, angenehmer, bequemer und länger sein. Andererseits aber müssen wir darauf gefaßt sein, daß die Zahl derer ständig anwachsen wird, die auf die Unterstützung ihrer Mitmenschen angewiesen sein werden, um auch nur in den Genuß eines geringen Teils dieser Güter zu kommen.« (ebd., S. 20 f.)

nicht gott- oder naturgegeben, sondern vorwiegend systemisch, d.h. durch die bestehenden Eigentums-, Macht- und Herrschaftsverhältnisse bedingt. Diesen können sich besonders vulnerable Personengruppen schwer entziehen, weil sie aufgrund ihrer schwachen Stellung in der kapitalistischen Wirtschaftsordnung strukturell benachteiligt oder diskriminiert werden.

Karl Marx wies im »Elend der Philosophie«, seiner 1847 erschienenen Replik auf Pierre-Joseph Proudhons Buch »System der ökonomischen Widersprüche oder Philosophie des Elends«, zu Recht darauf hin, »daß die Produktionsverhältnisse, in denen sich die Bourgeoisie bewegt, nicht einen einheitlichen, einfachen Charakter haben, sondern einen zwieschlächtigen; daß in denselben Verhältnissen, in denen der Reichtum produziert wird, auch das Elend produziert wird; daß in denselben Verhältnissen, in denen die Entwicklung der Produktivkräfte vor sich geht, sich eine Repressionskraft entwickelt; daß diese Verhältnisse den bürgerlichen Reichtum, d.h. den Reichtum der Bourgeoisklasse, nur erzeugen unter fortgesetzter Vernichtung des Reichtums einzelner Glieder dieser Klasse und unter Schaffung eines stets wachsenden Proletariats.«[9]

Von *relativer* Armut ist betroffen, wer seine Grundbedürfnisse vielleicht ausnahmslos befriedigen, sich aber mangels finanzieller Mittel nicht oder nicht in ausreichendem Maße am gesellschaftlichen Leben beteiligen kann, sondern den allgemein üblichen Lebensstandard in seinem Land über einen längeren Zeitraum hinweg deutlich unterschreitet. Diese Form einer scheinbar »milderen« Armut führt zu sozialer Ausgrenzung und beruht im Wesentlichen auf einem durch fehlende Ressourcen bedingten Mangel an Teilhabemöglichkeiten.[10]

---

9 Siehe Karl Marx, Das Elend der Philosophie. Antwort auf Proudhons »Philosophie des Elends«, in: MEW, Bd. 4, Berlin (DDR) 1974, S. 141

10 Vgl. Richard Hauser, Armut und Teilhabe, in: Gesellschaft – Wirtschaft – Politik 1/2016, S. 63

Armut ist ein *mehr*dimensionales Problem, das ökonomische (monetäre), soziale und kulturelle Aspekte umfasst. Heutzutage in einem *reichen* Land wie der Bundesrepublik arm zu sein, bedeutet vor allem:

- Mittellosigkeit und Ver- bzw. Überschuldung als Folge mangelnder Erwerbsfähigkeit, fehlender Arbeitsmöglichkeiten oder unzureichender Entlohnung;
- einen dauerhaften Mangel an unentbehrlichen und allgemein für notwendig erachteten Gütern, die es Menschen ermöglichen, ein halbwegs »normales« Leben zu führen;
- Benachteiligungen in unterschiedlichen Lebensbereichen wie Arbeit, Wohnen, Freizeit und Sport;
- den Ausschluss von (guter) Bildung, (Hoch-)Kultur und sozialen Netzwerken, welche für die gesellschaftliche Inklusion nötig sind;
- eine Vermehrung der Existenzrisiken, Beeinträchtigungen der Gesundheit und eine Verkürzung der Lebenserwartung (»Arme müssen früher sterben«);
- einen Verlust an gesellschaftlicher Wertschätzung, öffentlichem Ansehen und damit meistens auch individuellem Selbstbewusstsein;
- Macht- bzw. Einflusslosigkeit in allen gesellschaftlichen Schlüsselbereichen (Wirtschaft, Politik, staatlicher Verwaltung, Wissenschaft und Massenmedien).

1.2 Forschungsansätze, Erhebungsmethoden und statistische Daten

Während ein absolut Armer am *physischen* Existenzminimum lebt, verfehlt ein relativ Armer das *soziokulturelle* Existenzminimum, was mit dem Ausschluss von normalen sozialen, kulturellen und politischen Aktivitäten einhergeht. Natürlich ist es ausgesprochen schwierig, diese Schwelle der bürgerlichen Respektabilität zu bestimmen. Kaum weniger umstritten als der

Begriff »relative Armut« selbst ist denn auch das Konzept ihrer empirischen Erfassung und exakten Messung.[11] *Ressourcen*ansätze, die zu eruieren suchen, über welche Mittel ein Haushalt verfügt, um seine Fortexistenz zu gewährleisten, konzentrieren sich meist auf dessen *finanzielle* Situation, statt alle Dimensionen der Existenzsicherung zu berücksichtigen. Monetäre Aspekte stehen infolgedessen im Mittelpunkt, was zu einer ökonomistischen Verkürzung der Untersuchungsperspektive führen kann.

Da die Möglichkeiten, sich am sozialen, kulturellen und politischen Leben zu beteiligen, in einer Gesellschaft, die starken Ökonomisierungs- und Kommerzialisierungstendenzen unterliegt, maßgeblich von dem Geld bestimmt werden, über das ihre Mitglieder verfügen, richtet die Armutsforschung den Blick jedoch zu Recht primär auf das Einkommen. Der gegenwärtige Finanzmarktkapitalismus regelt beinahe alle Lebensabläufe über das Geld, weshalb Einkommensarmut heute zu einer größeren sozialen Abwertung führt, als dies in früheren Geschichtsperioden der Fall war. Je höher das Wohlstandsniveau eines Landes ist, desto niedriger fällt daher der wissenschaftliche und politische »Gebrauchswert« eines Armutsbegriffs aus, der sich nur auf das physische Existenzminimum bezieht.

Aufgrund einer EU-Konvention wird das Ausmaß der relativen Armut in den Mitgliedstaaten bestimmt, indem man die Quote derjenigen Haushalte ermittelt, die weniger als 60 Prozent des mittleren Einkommens zur Verfügung haben.[12] Absolute Geldbeträge wären für einen Vergleich der sozialen

11 Vgl. unter Auswertung der internationalen Fachdiskussion: Gerhard Kockläuner, Methoden der Armutsmessung, Berlin 2012

12 Natürlich könnte man ebenso gut 58 oder 62 Prozent als »Armutsrisikoschwelle« festlegen, doch Analoges gilt natürlich für sämtliche Grenzziehungen dieser Art: »Wie ausgefeilt und präzise die Definition einer Armutsschwelle auch sein mag, stets haftet ihr etwas Willkürliches an.« (Serge Paugam, Die elementaren Formen der Armut, Hamburg 2008, S. 13)

Situation in den EU-Mitgliedstaaten ungeeignet, weil die Lebenshaltungskosten stark differieren und man etwa von 500 Euro monatlichem Einkommen in dem einen Land gut leben, in dem anderen jedoch noch nicht einmal ein Zimmer mieten kann. Luxemburg und Litauen sind zwei EU-Länder, wo die Einkommensunterschiede immerhin den Faktor 10 erreichen. Diesen wichtigen Umstand unberücksichtigt zu lassen, hieße letztlich, auf einen realitätstauglichen Armutsbegriff zu verzichten.

Um der Tatsache, dass Haushalte unterschiedlich groß sind, Rechnung zu tragen, wird mittels einer (von der OECD entwickelten und später zulasten von Mehrpersonenhaushalten und solchen mit Kleinkindern modifizierten) Äquivalenzskala, die Einsparungen durch das gemeinsame Wirtschaften sowie die unterschiedlichen Bedarfe von Erwachsenen und Kindern berücksichtigt, das bedarfsgewichtete bzw. das Nettoäquivalenzeinkommen errechnet. Sprach die Europäische Kommission früher ab 60 Prozent des Durchschnittseinkommens von »Armutsnähe«, ab 50 Prozent von »relativer Armut« und ab 40 Prozent von »strenger Armut«, so ist heute in deutschen Regierungsdokumenten ab 60 Prozent lediglich von einem »Armutsrisiko« die Rede, was im Grunde eine Verniedlichung des Problems darstellt.[13]

Verwendete die EU, an der sich die Bundesregierung orientiert, eine Zeitlang das arithmetische Mittel, so bevorzugt sie inzwischen den Median. Die neue Berechnungsmethode, bei welcher nicht das durchschnittliche, sondern das mittlere in einer Reihe sämtlicher nach ihrer Höhe gewichteter Nettoäquivalenzeinkommen zugrunde gelegt wird, soll verhindern, dass Extremausschläge nach oben – man denke an Monatseinkommen im Millionenbereich – und (weniger drastisch: nach unten) die Ergebnisse verzerren. »Der Median und nicht mehr

13 Vgl. Ottmar Schreiner, Die Gerechtigkeitslücke. Wie die Politik die Gesellschaft spaltet, Berlin 2008, S. 237 (Fn. 1)

das arithmetische Mittel gilt als Bezugsgröße, weil letzteres durch die extrem hohen Einkünfte weniger Einkommensbezieher mittlerweile so sehr nach oben getrieben wird, dass das arithmetische Mittel mit der ›Mitte der Gesellschaft‹ nicht mehr viel zu tun hat.«[14]

Es gäbe auch triftige Gründe, dem Zentralwert das arithmetische Mittel weiterhin vorzuziehen: »Die Sensitivität des arithmetischen Mittelwerts gegenüber hohen Einkommen ist im Kontext des Konzepts relativer Armut theoretisch als Vorteil zu betrachten, weil auf diese Weise auch Veränderungen im oberen Einkommensbereich in die ›Referenzgruppe‹ einbezogen werden.«[15] Dagegen wird bei Verwendung des Medians laut Olaf Groh-Samberg implizit angenommen, dass sich die Gruppe der Armen nur am Wohlstand in der unteren Einkommenshälfte orientiere, weil er selbst dann unverändert bleibt, wenn sich das Einkommensvolumen des reicheren Bevölkerungsteils verdoppeln würde.

Winston Churchill wird das Bonmot »Traue nur der Statistik, die du selbst gefälscht hast!« zugeschrieben. Um empirisch zu »belegen«, dass es in Deutschland wenige oder dass es viele Arme gibt, braucht man allerdings gar keine Statistik zu fälschen, sondern nur eine passende auszuwählen und seinen Zwecken gemäß zu interpretieren. Je nachdem, welche der gängigen Datenquellen (Einkommens- und Verbrauchsstichprobe des Statistischen Bundesamtes, Mikrozensus, Sozio-oekonomisches Panel [SOEP] oder Gemeinschaftsstatistik über Einkommen und Lebensbedingungen »Leben in Europa« [EU-SILC]) man zugrunde legt, fallen die Armutsschwellen und -quoten recht

---

14 Stefan Hradil, Anmerkungen zum Armutsdiskurs, in: Siegfried Frech / Olaf Groh-Samberg (Hg.), Armut in Wohlstandsgesellschaften, Schwalbach im Taunus 2014, S. 33 (Fn. 1)

15 Olaf Groh-Samberg, Armut, soziale Ausgrenzung und Klassenstruktur. Zur Integration multidimensionaler und längsschnittlicher Perspektiven, Wiesbaden 2009, S. 43

unterschiedlich aus. Während die Stichprobengröße der erfassten Haushalte von 11.500 (SOEP 2006) bis 322.700 (Mikrozensus 2005) und die Armuts(risiko)quote von 13 Prozent (EU-SILC 2006) bis 18 Prozent (SOEP 2006) reicht, schwankt die Armuts(risiko)schwelle zwischen 781 Euro (EU-SILC 2006) und 980 Euro (EVS 2003).[16] Entscheidend ist aber keineswegs, wo die Armutsgrenze genau liegt oder welche Armutsquote man errechnet, sondern ob diese unter Verwendung derselben Datenquelle im Zeitverlauf sinkt oder steigt.[17]

Kontrovers diskutiert wird schließlich über den Referenzmaßstab für die horizontale bzw. regionale Einkommensverteilung. Während sich der Paritätische Wohlfahrtsverband schon 2009 in seinem ersten Armutsatlas mit dem Titel »Unter unseren Verhältnissen …« für das nationale Durchschnittseinkommen (Bundesmedian) entschieden hat, scheint die unterschiedliche Kaufkraft des Euro ebenso für das jeweilige regionale Durchschnittseinkommen (regionaler Median) zu sprechen wie die unterschiedlich hohen Miet- und Heizkostenzuschüsse im Transferleistungsbezug.[18] Natürlich ist das Preisniveau (vor allem in Bezug auf den Erwerb oder das Mieten einer Wohnung) in München sehr viel höher als auf dem Land in Mecklenburg-Vorpommern. Wer aber kulturelle Angebote wie Konzerte, Kinovorführungen oder Theater- bzw. Opernaufführungen wahrnehmen möchte, hat dadurch nicht zu vernachlässigen-

---

16 Vgl. Bundesministerium für Arbeit und Soziales (Hg.), Lebenslagen in Deutschland. Der Dritte Armuts- und Reichtumsbericht der Bundesregierung, Bd. 1: Bericht, Bonn, Juli 2008, S. XI

17 Vgl. Gerhard Willke, Armut – was ist das?, Eine Grundsatzanalyse, Hamburg 2011, S. 60

18 Vgl. Lothar Eichhorn, Regionalisierung von Armutsmessung. Manuskript eines Vortrages beim 22. Wissenschaftlichen Kolloquium »Armutsmessung« (des Statistischen Bundesamtes und der Deutschen Statistischen Gesellschaft), Wiesbaden, 22.11.2013, S. 14 (www.destatis.de/DE/Methoden/Kolloquien/2013/Eichhorn.pdf?__blob=publicationFile; 3.9.2015)

de Mehrausgaben, dass er womöglich von seinem Dorf weite Strecken nach Rostock oder Schwerin zurücklegen und vielleicht dort sogar übernachten muss. Auch das Verfassungsgebot einer »Herstellung gleichwertiger Lebensverhältnisse« (Art. 72, Abs. 2 GG) ist besser mit der Entscheidung für den Bundesmedian vereinbar.

Waren nach dem Zweiten Weltkrieg zunächst vor allem viele Rentnerinnen arm, lösten Kinder und Jugendliche sie in den späten 1980er Jahren als Hauptbetroffenengruppe ab. Kinder haben selbst kein Einkommen, und das der erwachsenen Haushaltsmitglieder erreicht sie nicht unbedingt anteilmäßig. Deshalb bietet es sich an, ihre soziale Lage nicht über die monetäre Situation der Familie zu erfassen, sondern zu untersuchen, ob sie in einzelnen Lebensbereichen unterversorgt sind und benachteiligt werden.[19] *Lebenslagen*ansätze berücksichtigen auch die Versorgung der einzelnen Haushaltsmitglieder im Bereich der Erwerbstätigkeit, des Wohnens, der Gesundheit, der Bildung, der Kultur, der Freizeit und des Sports.

Als Urheber des Begriffs »Lebenslage« gilt der Nationalökonom und Philosoph Otto Neurath, der diesen Terminus schon Anfang der 1930er Jahre zur soziologischen Gesellschaftsanalyse vorschlug. Aufgegriffen und für sozialpolitische Fragestellungen fruchtbar gemacht hat ihn 1950/51 der Kölner Sozialwissenschaftler Gerhard Weisser. Dieser verstand darunter jenen »Spielraum«, der Menschen aufgrund der äußeren Umstände für die Befriedigung ihrer Interessen bleibt, die den Sinn des Lebens bestimmen.[20] Somit hebt der Terminus nicht nur auf

---

19 Vgl. Hans-Jürgen Andreß / Gero Lipsmeier, Kosten von Kindern – Auswirkungen auf die Einkommensposition und den Lebensstandard der betroffenen Haushalte, in: Andreas Klocke / Klaus Hurrelmann (Hg.), Kinder und Jugendliche in Armut. Umfang, Auswirkungen und Konsequenzen, 2. Aufl. Wiesbaden 2001, S. 29 ff.

20 Vgl. Gerhard Weisser, Wirtschaft, in: Werner Ziegenfuß (Hg.), Handbuch der Soziologie, Stuttgart 1956, S. 986

verschiedene objektive Aspekte der jeweiligen Lebensbedingungen ab, sondern betont auch den objektiv vorhandenen und subjektiv empfundenen Spielraum der Lebenswelt, den die Lebensbedingungen für die Befriedigung von Interessen in ihren je spezifischen Ausprägungen bieten können. Eine begriffliche Präzisierung erfuhr das Konzept Mitte der 1970er Jahre durch Ingeborg Nahnsen, die das Weisser'sche Konzept unter Beibehaltung seiner sozialwissenschaftlichen Implikationen von einigen Unbestimmtheiten befreite.[21] Einer der ersten Operationalisierungsversuche für die empirische Forschung stammt von Klaus Lompe und seiner Forschungsgruppe, die eine Lebenslagenanalyse bei arbeitslosen Sozialhilfeempfänger(inne)n durchführten.[22] Dietrich Engels, Geschäftsführer des Instituts für Sozialforschung und Gesellschaftspolitik (ISG), vertritt die Auffassung, dass der Begriff »Lebenslagen« durch seine Beschränkung auf die objektiven Lebensbedingungen geschärft werden könne, und schlägt folgende Definition vor: »Der Begriff ›Lebenslagen‹ meint die Gesamtheit der sozialen Zusammenhänge, in denen Personen ihre materiellen und immateriellen Möglichkeiten nutzen.«[23]

---

21 Vgl. Ingeborg Nahnsen, Bemerkung zum Begriff der Sozialpolitik in den Sozialwissenschaften, in: Martin Osterland (Hg.), Arbeitssituation, Lebenslage und Konfliktpotential, Frankfurt am Main 1975, S. 145 ff.

22 Vgl. Klaus Lompe (Hg.), Die Realität der neuen Armut. Analysen der Beziehungen zwischen Arbeitslosigkeit und Armut in einer Problemregion, Regensburg 1987. Zur historischen Entwicklung des Konzepts vgl. Werner Hübinger, Prekärer Wohlstand. Neue Befunde zu Armut und sozialer Ungleichheit, Freiburg im Breisgau 1996, S. 62 ff. Zu einer möglichen Einordnung des Lebenslagenkonzepts in Entwicklungsstufen von Armutskonzepten vgl. Berthold Dietz, Soziologie der Armut. Eine Einführung, Frankfurt am Main / New York 1997, S. 104 ff.

23 Dietrich Engels, Lebenslagen und soziale Exklusion – Thesen zur Reformulierung des Lebenslagenkonzepts für die Sozialberichterstattung, in: Sozialer Fortschritt 5/2006, S. 110

Aufgrund seiner Komplexität führt der Lebenslagenansatz zu erheblichen Operationalisierungsschwierigkeiten, unter denen die Forschungsergebnisse zwangsläufig stark leiden. Olaf Groh-Samberg meint allerdings, dass der Lebenslagenansatz nicht erst bei der praktischen Umsetzung, sondern bereits im Hinblick auf das theoretische Gerüst problematisch sei: Indem sich der Lebenslagenansatz unterschiedslos auf alle Problemlagen des Lebens beziehe, die in irgendeiner Form, sei es als Folgen, als Ursachen oder als ihr unmittelbarer Ausdruck, mit Armut in engem Zusammenhang stehen, könne er diese begrifflich und analytisch nicht klar von den übrigen Erscheinungsformen sozialer Ungleichheit abgrenzen.[24]

Für seine Strukturanalyse hat Groh-Samberg einen Armutsindikator gebildet, der Einkommens- und materielle Lebenslagen miteinander kombiniert, wodurch sich im Verhältnis von Armut, Prekarität und Wohlstand sechs Zonen ergeben: die Zone des gesicherten Wohlstandes, die Zone des instabilen Wohlstandes, inkonsistente Armut, temporäre Armut, die Zone der Prekarität und die Zone der extremen Armut. In einer Längsschnittanalyse auf der Basis repräsentativer SOEP-Daten von 2000 bis 2004 gelangte Groh-Samberg zu dem Ergebnis, dass sich nicht ganz die Hälfte aller erfassten Personen in der Zone eines gesicherten Wohlstandes und etwas mehr als ein Viertel in der Zone eines instabilen Wohlstandes befinden: »In der Zone der Prekarität, in der sich Phasen der manifesten Armut mit Phasen des prekären Wohlstands abwechseln, lebt etwa ein Zehntel der Population, und für einen nur geringfügig kleineren Bevölkerungsteil, acht bis neun Prozent, hat sich die Armut bereits dauerhaft und in mehreren Lebensbereichen verfestigt. Starke Fluktuationen zwischen Armut und Wohlstand zeigen sich bei gut fünf Pro-

24 Vgl. Olaf Groh-Samberg, Armut, soziale Ausgrenzung und Klassenstruktur, a. a. O., S. 86 f.

zent der Personen, und ein noch kleinerer Anteil von etwa vier Prozent ist über den betrachteten Zeitraum hinweg dauerhaft inkonsistent arm.«[25]

Gesondert hat Groh-Samberg die Armutsentwicklung in Ost- und Westdeutschland miteinander verglichen. In den alten Bundesländern lässt sich nach seinen Erkenntnissen ein »Trend zur zunehmenden Verfestigung von Armut« ausmachen: »Während die Zone des gesicherten Wohlstands weitgehend konstant bleibt, nimmt die Zone der extremen Armut seit Anfang der 90er Jahre kontinuierlich zu.«[26] In den neuen Bundesländern zeigt sich ein ähnliches Bild, die Zone des gesicherten Wohlstandes ist hier allerdings deutlich kleiner, während die Zone der extremen Armut von ca. vier auf neun Prozent anwächst. »Die Entwicklung in Ostdeutschland entspricht also noch weit stärker als die westdeutsche einer zunehmenden Polarisierung der Gesellschaft in gesicherten Wohlstand auf der einen und extreme Armut auf der anderen Seite.«[27]

Karl August Chassé weist gleichfalls auf die »eindeutige Klassenspezifik« der Armut in Ostdeutschland hin: »Die Diskontinuität der Erwerbsbiografie mit ihren Wechseln zwischen fester, keiner und prekärer Beschäftigung und der immer stärkeren Notwendigkeit der Neu- oder Weiterqualifizierung verallgemeinert inzwischen ein gerütteltes Maß an Verunsicherung und Armutsbedrohung innerhalb fast aller [Gruppen von; Ch. B.] Erwerbstätigen und auch bei Freiberuflichen. Dennoch bleibt bei den weniger qualifizierten Arbeitskräften die Wahrscheinlichkeit deutlich höher, von dauerhafter Armut und prekären Lebenslagen betroffen zu sein. Insbesondere sind Frauen, bestimmte Jugendliche, Behinderte und Migranten von Benachteiligun-

25 Ebd., S. 167

26 Ebd., S. 181

27 Ebd.

gen auf dem Arbeitsmarkt und von Armut betroffen oder bedroht.«[28]

Unterschwellig drehen sich neuere Armutsdebatten immer um die Frage, ob sich die Armut durch Wandlungen der Arbeitswelt einerseits sowie die Rücknahme wohlfahrtsstaatlicher Sicherungsgarantien andererseits verfestigt und vertieft oder ob sie breiter streut und auch die Mittelschicht erfasst, anders formuliert, ob eine neuerliche Pauperisierung, soziale Polarisierung und eine stärkere Marginalisierung der Betroffenen oder ob eine Generalisierung des Armutsrisikos und eine umfassende »Durchprekarisierung« der Gesellschaft stattfinden. Olaf Groh-Samberg spricht in diesem Zusammenhang von »Spaltungs-« und »Entgrenzungsszenarien«, die er folgendermaßen charakterisiert: »Spaltungsszenarien liegen meist eindimensionale und statische Armutsmessungen zu Grunde, wobei die ansteigenden Armutsquoten als Zunahme einer über die Zeit weitgehend identischen Armutspopulation interpretiert werden. Entgrenzungsszenarien beziehen sich dagegen auf dynamische Armutsanalysen, die deutlich machen, dass in einer längsschnittlichen Perspektive betrachtet ein weitaus größerer Teil der Bevölkerung von Armut betroffen ist, als die statischen Quoten vermuten lassen.«[29] Zu fragen bleibt jedoch, ob auf diese Weise nicht mögliche Armutsentwicklungen zu Scheinalternativen emporstilisiert werden, die durchaus miteinander vereinbar sind und sich in weltwirtschaftlichen Krisen- und/oder gesellschaftlichen Umbruchsituationen sogar wechselseitig verstärken können.

---

28 Karl August Chassé, Unterschicht, prekäre Lebenslagen, Exklusion – Versuch einer Dechiffrierung der Unterschichtsdebatte, in: Fabian Kessl / Christian Reutlinger / Holger Ziegler (Hg.), Erziehung zur Armut? – Soziale Arbeit und die »neue Unterschicht«, Wiesbaden 2007, S. 34 (Fn. 5)

29 Olaf Groh-Samberg, Armut, soziale Ausgrenzung und Klassenstruktur, a. a. O., S. 174

1.3 Einwände und (Pseudo-)Argumente der Kritiker eines differenzierten Armutsbegriffs

Während niemand ernsthaft bezweifelt, dass es (absolute) Armut in der sog. Dritten Welt gibt, ist die Frage, ob sie auch in Deutschland und (West-)Europa existiert, höchst umstritten. Obdachlose, total verelendete Drogenabhängige, Straßenkinder und »Illegale«, die man besser als illegalisierte Migrant(inn)en bezeichnet, gehören zu den Hauptbetroffenengruppen. Der Kölner Hochschullehrer Werner Schönig kam im Jahr 2005 auf der Basis eines Lebenslagenansatzes auf 200.000 bis 800.000 Personen, die hierzulande von absoluter Armut betroffen sind.[30]

Obwohl die Bundesrepublik von Elendserscheinungen also keineswegs frei ist, herrscht hierzulande *relative* Armut vor. Dass es sich dabei um Armut handelt, gehört in Politik, Massenmedien und Alltagsbewusstsein jedoch (noch) nicht zum Konsens. Vielmehr wird darüber seit jeher und in jüngster Vergangenheit sogar mit besonderer Heftigkeit gestritten. Wegen der Relativität des Armutsbegriffs bietet dieser genug Angriffspunkte für Kritiker, die aufgrund ihrer materiellen Interessenlage (Verteidigung persönlichen Reichtums, Hoffnung auf ein Millionenerbe o. Ä.) und/oder aufgrund mangelnder Sensibilität für wachsende soziale Ungleichheit (Verinnerlichung der herrschenden Leistungsideologie, Mangel an Empathiefähigkeit o. Ä.) entweder nicht in der Lage bzw. nicht willens sind, die spezifische Problematik der Unterversorgung und Ausgrenzung in einem reichen Land nachzuempfinden.

Als der Paritätische Gesamtverband im Februar 2015 von einem »neuerlichen Rekordhoch« der Armut in Deutschland sprach, das sich auch in einer regionalen Zerklüftung nieder-

30 Vgl. Werner Schönig, Gibt es in Deutschland absolute Armut?, in: Lothar F. Neumann / Hajo Romahn (Hg.), Wirtschaftspolitik in offenen Demokratien. Festschrift für Uwe Jens, Marburg 2005, S. 217 ff.

schlägt,[31] wurden er und sein Hauptgeschäftsführer Ulrich Schneider zur Zielscheibe einer äußerst gehässigen Medienkampagne. Daran beteiligten sich Redakteure der *Süddeutschen Zeitung*, der *FAZ* und der *Zeit*, die ihnen maßlose Übertreibung sowie puren Alarmismus vorwarfen.[32]

Bemerkenswert war, dass ausgerechnet Georg Cremer, seinerzeit Generalsekretär des Deutschen Caritasverbandes, eine ihm von der *FAZ* am 27. April 2015 zur Verfügung gestellte Zeitungsseite benutzte, um den Armutsbericht des Paritätischen scharf zu kritisieren und den darin verwendeten Armutsbegriff zu attackieren. Cremer bemängelte die Gleichsetzung von Armutsrisiko und Armut, die Vernachlässigung der regionalen Kaufkraftdifferenzen und die Skandalisierung eines vom Sozialstaat zu bewältigenden Problems. »Diese Skandalisierung kann Abstiegsängste der Mittelschicht schüren, die Legitimität des Sozialstaats untergraben und den Blick verstellen auf politisch erreichbare Schritte, um die Situation von Menschen am Rande der Gesellschaft zu verbessern.«[33] Es ging dem Paritätischen allerdings gerade nicht darum, den Sozialstaat schlechtzureden und sturmreif zu schießen, vielmehr umgekehrt darum, die verheerenden Folgen seines mittlerweile gut vier Jahrzehnte währenden »Um-« bzw. Abbaus anzuprangern. Offenbar wurde einmal mehr der Bote und nicht der Verursacher für die von wachsendem Elend kündende Nachricht verantwortlich gemacht.

Betrachtet man den Armutsbericht des Paritätischen unvoreingenommen, kann weder von einer »unfairen Zuspitzung« der Lage noch von einer »irreführenden Armutspolemik« oder

31 Siehe Der Paritätische Gesamtverband (Hg.), Die zerklüftete Republik. Bericht zur regionalen Armutsentwicklung in Deutschland 2014, Berlin, Februar 2015, S. 1

32 Vgl. dazu die Beiträge von Christoph Butterwegge, Friedhelm Hengsbach und Stefan Sell, in: Ulrich Schneider (Hg.), Kampf um die Armut, a. a. O.

33 Georg Cremer, Die tief zerklüftete Republik, in: FAZ v. 27.4.2015

einer »pauschalen Überzeichnung« der sozialen Probleme im Land die Rede sein. Vielmehr zeichnete der Wohlfahrtsverband ein zutreffendes Bild der sozialen Verwerfungen, der zunehmenden Spaltung in Arm und Reich sowie der Verfestigung von Unterversorgungslagen bei zahlreichen Personengruppen wie Langzeiterwerbslosen, Alleinerziehenden, Migrant(inn)en oder Kleinstrentner(inne)n.

Weiter bemängelte Cremer die Gleichsetzung von »Armutsrisiko« und »Armut«, weil sie die Betroffenen und ihre soziale Lage außer Acht lasse, etwa »praktisch alle Auszubildenden und Studierenden, die in einem eigenen Haushalt leben, (…) auch Studierende beispielsweise, die mit elterlicher Unterstützung von 750 Euro sorgenfrei studieren können.«[34] Obwohl es Ausdruck eines wachsenden Wohlstandes sei, dass heute mehr junge Menschen studieren und auch schon während der Ausbildung selbstständig wohnen könnten, werde diese Tatsache aufgrund einer undifferenzierten Interpretation von Armutsrisikoquoten als wachsende Armut wahrgenommen.

Bei seiner Polemik gegen den Paritätischen berief sich Cremer auf einen Fastnamensvetter: Walter Krämer, lange Professor für Wirtschafts- und Sozialstatistik an der TU Dortmund, bekämpft lustvoll Gewerkschaften, Wohlfahrtsverbände und Fachwissenschaftler/innen, die auf das Ansteigen der Armut aufmerksam machen. Am 24. Februar 2015 erklärte Krämer den o. g. Armutsbericht des Paritätischen zur »Unstatistik« des Monats, weil die Verfasser nicht zur Kenntnis nähmen, »dass relative Armutsquoten nur ein (schlechtes) Maß für die Einkommensungleichheit darstellen und mit Armut im herkömmlichen Sinne nichts zu tun haben.«[35] Krämer tut so, als sei die

34 Siehe ebd.

35 Siehe Unstatistik des Monats, 24.2.2015: Deutschland – das Armenhaus Europas? (www.mpib-berlin.mpg.de/de/presse/2015/02/unstatistik-des-monats-deutschland-das-armenhaus-europas; 14.6.2015)

»Armutsgefährdungsquote« (Anteil der Personen mit einem Monatseinkommen unterhalb von 60 Prozent des Medians an der Grundgesamtheit) ein bloßes Ungleichheitsmaß, verkennt dabei allerdings, dass sie die Größe einer finanziell deutlich schlechter als die gesellschaftliche Mitte gestellten Gruppe markiert.

Die vom Paritätischen seinerzeit ermittelten 15,5 Prozent Arme waren für Krämer »ganz grober Unfug« und 60 Prozent des mittleren Einkommens als Armutsgrenze »totaler Mist«, wie er dem Deutschlandradio Kultur am 20. Februar 2015 verriet.[36] Krämer möchte die Wohlhabenden und Reichen bei der Armutsmessung ganz »außen vor lassen« und ausschließlich betrachten, wie Personen am unteren Ende der Einkommenspyramide über die Runden kommen. Damit würde das gesellschaftliche Umfeld der Betroffenen einfach ausgeblendet und ein ubiquitärer, ja universalhistorischer und quasi zeitloser Armutsindikator generiert.

Armut und Reichtum sind aber zwei Seiten einer Medaille, weil sie nur in der Komplementarität ihrer Wechselbeziehung einen Sinn ergeben. Armut existiert nicht ohne Reichtum und Reichtum nicht ohne Armut. Man kann sie deshalb nicht unabhängig voneinander, d.h. losgelöst von Raum und Zeit bestimmen, sondern muss das Wohlstandsniveau der jeweiligen Gesellschaft als Vergleichsmaßstab berücksichtigen. Ein zeitgenössischer Hochhausbewohner, der sich im Hartz-IV-Bezug befindet, erlebt Armut mit Sicherheit ganz anders als steinzeitliche Höhlen- oder mittelalterliche Hüttenbewohner, die sich von Wurzeln und Wildbret ernährten. Topmanager, Investmentbanker und Großaktionäre würden sich köstlich amüsieren, wollte man sie nach dem Besitz einer Kutsche oder eines Reitstalls fragen, um herauszufinden, ob die betreffenden Per-

36 Siehe Deutschlandradio Kultur, Interview/Beitrag vom 20.2.2015. Armut in Deutschland: 15 Prozent Arme? – »Reiner Unfug!«, Walter Krämer im Gespräch mit Nana Brink (www.deutschlandradiokultur.de/armut-in-deutschland-15-prozent-arme-reiner-unfug.1008.de.html?dram:article_id=312180; 20.6.2015)

sonen zu den Reichen gehören. Arme müssen hingegen noch immer Lumpen tragen und trocken Brot essen, um als solche gelten zu können. Wie diese Beispiele zeigen, haben sich die Erscheinungsformen der Armut wie auch die des Reichtums tiefgreifend gewandelt, weshalb man heute andere Maßstäbe anlegen muss, wenn man wissen möchte, wer über Letzteren verfügt oder unter der Ersteren leidet.

Krämer wendet sich einerseits dagegen, die Armut eines Menschen an seinem geringen Einkommen oder an seinem fehlenden Vermögen festzumachen. Für ihn ist »klar, dass es weder das Einkommen noch das Vermögen sind, die über arm und reich bestimmen, sondern was man aus dem Einkommen und aus dem Vermögen macht, der ›Nutzen‹, im Jargon der Ökonomen, den das Einkommen erzeugt.«[37] Andererseits warnt Krämer davor, Armut mit (einem hohen Maß an) sozialer Ungleichheit zu identifizieren oder darauf zu reduzieren, indem beispielsweise 50 oder 60 Prozent des bedarfsgewichteten Haushaltsnettoeinkommens zum Maßstab für die Existenz relativer Armut herangezogen würden: »Eine derartige atheoretische, rein politisch-willkürliche Definition der ›Armut‹ macht (...) das Bekämpfen dieser ›Armut‹ zu einem aussichtslosen Unterfangen.«[38]

Wolfgang Ludwig-Mayerhofer und Eva Barlösius widersprechen dieser Auffassung und weisen darauf hin, dass Erfolge im Kampf gegen die relative Armut sehr wohl möglich sind: »Wenn die Einkommensverteilung so gestaltet ist bzw. wird, daß niemand zu weit nach unten vom Durchschnitt abweicht, kann relative (Einkommens-)Armut ohne weiteres verschwinden.«[39] Al-

37 Siehe Walter Krämer, Armut in der Bundesrepublik. Zur Theorie und Praxis eines überforderten Begriffs, Frankfurt am Main / New York 2000, S. 25

38 Ebd., S. 29

39 Wolfgang Ludwig-Mayerhofer / Eva Barlösius, Die Armut der Gesellschaft, in: Eva Barlösius / Wolfgang Ludwig-Mayerhofer (Hg.), Die Armut der Gesellschaft, Opladen 2001, S. 27

lerdings erfordert die Bekämpfung der relativen Armut, dass man den Reichtum antastet, während man der absoluten Armut auf karitativem Wege, d. h. mit Lebensmitteltafeln, Kleiderkammern und Möbellagern begegnen kann. Hier dürfte auch einer der Gründe dafür liegen, warum die Existenz relativer Armut gerade von Personen in Abrede gestellt wird, die zu den Privilegierten, Besserverdienenden und Vermögenden gehören.

Krämer behauptet allen Ernstes, hierzulande gebe es kaum Armut, sondern nur eine »Jammerlobby« der Presse, die nicht zur Kenntnis nehmen wolle, dass die Sozialhilfe vollkommen ausreiche, um »durchaus passabel« zu leben.[40] Für »hochgradig pervers« hält er es, in einer Zeit, in der weltweit 18 Mio. Menschen jährlich in der Welt verhungern, »einen deutschen Halbstarken nur deshalb ›arm‹ zu nennen, weil er anders als seine Klassenkameraden keine Diesel-Lederjacke oder Nike-Turnschuhe besitzt.«[41] Umgekehrt wird jedoch ein Schuh daraus: In einer Gesellschaft notleidend bzw. unterversorgt zu sein, in der keiner oder kaum einer viel hat, ist womöglich leichter zu ertragen, als in einer Gesellschaft arm zu sein, in der es als »normal« gilt, dass Kinder nicht bloß teure Markenkleidung tragen, sondern auch ein Smartphone, ein Tablet und/oder ein iPad besitzen.

Um seine Position zu verdeutlichen, konstruierte Krämer ein irreales Beispiel: »Wenn etwa Boris Becker mit seiner Yacht in Monte Carlo anlegt und neben ihm legt Bill Gates an, der eine dreimal so große Yacht hat, dann ist er unglücklich, besäuft sich. Er ist aber jetzt noch nicht arm, er ist nur nicht so reich wie sein Nachbar.«[42] Was kein Mensch bestreiten würde,

---

40 Siehe Walter Krämer, Armut in der Bundesrepublik, a. a. O., S. 33 u. 61

41 Siehe ebd., S. 115 f.

42 Deutschlandradio Kultur, Interview/Beitrag vom 20.2.2015. Armut in Deutschland: 15 Prozent Arme? – »Reiner Unfug!«, Walter Krämer im Gespräch mit Nana Brink (www.deutschlandradiokultur.de/armut-in-deutschland-15-prozent-arme-reiner-unfug.1008.de.html?dram:article_id=312180; 20.6.2015)

illustriert ungewollt die Schlüsselbedeutung der historischen, gesellschaftlichen und geografischen Rahmenbedingungen für die Bestimmung von Armut und Reichtum. Sonst wäre Reichtum im heutigen Fürstentum Monaco nämlich mit dem Besitz einer Kamelherde – wie im Alten Ägypten – und nicht mit dem Besitz einer Yacht verbunden. Warum sollte man dann jedoch Armut wie noch bei den alten Germanen mit Lumpen als Kleidung oder dem Verzehr von trockenem Brot und nicht mit einem relativ geringen Einkommen gleichsetzen?

In der Randbemerkung einer seiner Publikationen verriet Krämer ungewollt, welches mächtige Interesse hinter seiner fortgesetzten Polemik gegen die »DGB-Armut« steckt, wie er das EU-offizielle Armutsmaß nennt: »Denn wahre Armut kann man nur verringern, indem man den Armen etwas gibt, nicht, indem man den Reichen etwas nimmt.«[43] Das heißt im Umkehrschluss: Wenn man die Armutsdefinition darauf verkürzt, was Krämer »wahre Armut« nennt, nützt den davon Betroffenen keine Umverteilung von oben nach unten und lässt sich diese Forderung als reines Propagandamanöver der Gewerkschaften oder der Wohlfahrtsverbände abtun. Kein Wunder, wenn reiche Besitzstandswahrer eine Begriffsbestimmung präferieren, wie sie ihnen Krämer liefert!

1.4 Mögliche Folgen einer vermehrten Fluchtmigration für die Armutsdefinition

Wer zwischen absoluter und relativer Armut differenziert, das Problem materieller Unterversorgung also nicht auf eine Schicksalsfrage im Überlebenskampf reduziert, hat die Alltagserfahrung der Mitglieder einer Wohlstandsgesellschaft auf seiner Seite, dass soziale Ächtung schlimmer sein kann als kör-

43 Walter Krämer, Werden die Deutschen immer ärmer?, in: Gesellschaft – Wirtschaft – Politik 4/2005, S. 397

perliches Unbehagen: Wenn ein Jugendlicher, der im tiefsten Winter mit T-Shirt und Sandalen zur Schule kommt, von seinen eigenen Klassenkamerad(inn)en ausgelacht wird, leidet er darunter wahrscheinlich viel mehr als unter der Kälte. Trotzdem existiert Armut für manche Menschen nur dort, wo andere total verelenden, vor sich hinvegetieren oder gar wie Vieh auf den Straßen eines »Dritte Welt«-Landes verenden.

Kolja Rudzio monierte unter dem Titel »Armutsschwindel. Gab es noch nie so viel Elend in Deutschland?« in der *Zeit* (26.2.2015), die relative Einkommensarmut habe wenig mit dem gemeinsam, was landläufig darunter verstanden werde: »Die meisten Menschen denken bei Armut an Pfandflaschensammler, Bettler und Obdachlose.« Dazu haben Redakteure wie Rudzio selbst beigetragen, indem sie über die Massenmedien ein Armutsbild verbreitet und mittels ihrer Meinungsmacht in den Köpfen vieler Leser/innen verankert haben, das sich an »Dritte Welt«-Ländern orientiert, während ihnen entgangen ist, dass die Datensammler des Statistischen Bundesamtes solche Personengruppen, die ihnen als Prototypen der Armutsbetroffenheit gelten, ebenso wenig berücksichtigen wie Gefängnis- und Heiminsassen, die leichter zu erfassen wären, aber keine Haushaltsgemeinschaft bilden. Niemand suggeriert übrigens, absolute Not und totales Elend würden hierzulande immer größer, feststellbar ist aber, dass die Reichen immer reicher und die Armen zahlreicher werden, anders formuliert: dass die Armutsgefährdung bis zur Mitte der Gesellschaft vordringt und sich dort verfestigt.

Arbeits- und Sozialministerin Andrea Nahles kritisierte die EU-offizielle Armutsgrenze von 60 Prozent des mittleren Nettoäquivalenzeinkommens in der *Süddeutschen Zeitung* (27.3.2015) ebenfalls, weil das Konzept schnell in die Irre führe: »Angenommen, der Wohlstand in unserem Land würde explodieren, dann bleibt nach dieser Definition das Ausmaß an Armut gleich.« Dass eine »Wohlstandsexplosion« wie in diesem Beispiel den Armen genauso zugutekäme wie anderen Gesellschaftsmitgliedern, ist jedoch stark zu bezweifeln. Würden sich etwa die Einkommen sämtlicher Bewohner/innen eines Landes verzehnfachen, wären (relativ) Arme vermutlich schon deshalb immer noch arm, weil Preise und Lebenshaltungskosten im selben Maße steigen und einen realen Wohlstandsgewinn verhindern würden. Vor allem wären sie kaum weniger marginalisiert, weil sich ihre Einkommensposition innerhalb der Gesellschaft eher verschlechtern würde: Wer vorher 800 Euro im Monat verdient hat, käme jetzt auf 8.000 Euro; wer vorher 8.000 Euro im Monat zur Verfügung hatte, käme jetzt auf 80.000 Euro. Betrug die Differenz zwischen Gering- und Besserverdienenden in unserer Beispielrechnung anfangs 7.200 Euro, so beträgt sie nachher satte 72.000 Euro.

Nahles wies darauf hin, dass es sich bei dem 60-Prozent-Maß um eine relative Größe handle, welche die Einkommensspreizung anzeige, jedoch nicht die absolute Armut, wodurch man Gefahr laufe, »die wirklich Bedürftigen« aus den Augen zu verlieren. In diesem Zusammenhang erwähnte Nahles illegale Einwanderer und jüngere Erwerbsgeminderte. Besonders angesichts eines zunehmenden Flüchtlingselends wäre es allerdings fatal, würde man von extremer Armut betroffene Gruppen gegen »nur« von relativer Armut betroffene Gruppen ausspielen.

Je krasser die Verteilungsschieflage bei Einkommen und Vermögen in einem reichen Land wird, umso mehr wächst der Drang, dortige Armut auf Not und Elend zu reduzieren. Protagonisten eines sehr engen Armutsbegriffs, die häufig Verteidiger der wachsenden Einkommens- und Vermögensungleichheit sind, liefert die gegenwärtige »Flüchtlingskrise« neue Argumente. Denn durch mittellose Zuwanderer wird sich die soziale Situation in der Bundesrepublik verschärfen und der Anteil von staatlichen Mindestsicherungsleistungen abhängiger Personen in den nächsten Jahren deutlich erhöhen.[44] Man muss daher

44 Vgl. Richard Hauser, Armut und Teilhabe, a. a. O., S. 65

kein Prophet sein, um voraussagen zu können, dass Bestrebungen zunehmen werden, bloß noch Not und Elend als »wirkliche« Armut anzuerkennen.

Wenn sich ein restriktiver Armutsbegriff durchsetzt, könnte hierzulande eines Tages höchstens noch als arm gelten, wer nicht mehr als das hat, was er am Leibe trägt. Das »importierte« Flüchtlingselend darf aber nicht zur Messlatte für Armut im Wohlstand gemacht werden. Umgekehrt gilt vielmehr: Je entwickelter eine Gesellschaft ist, desto weiter sollte ihr Armutsverständnis sein, fördert ein hoher Lebensstandard doch die soziale Ausgrenzung von Menschen, deren Einkommen nicht hinreicht, um selbst beim »normalen« Alltagskonsum mithalten zu können und sich gleichberechtigt am sozialen, kulturellen und politischen Leben zu beteiligen.

»Armut« ist zwar ein heftig umkämpfter, aber kein politischer Kampfbegriff, sondern die zutreffende Bezeichnung für ein Phänomen, das im Gefolge der Globalisierung und einer neoliberalen Reformpolitik die Struktur der hoch entwickelten Industriegesellschaften als extreme Form der sozialen Ungleichheit immer stärker prägt. Die seit Jahrzehnten immer wieder neu aufflammende Kontroverse über den Armutsbegriff und die Betroffenenzahl ist weder ein bloßer Streit um die Statistik noch ein sinnloses Gerangel um Worte, denn es geht um etwas Grundsätzliches: das herrschende Armutsbild und den Umgang mit Armut in einem reichen Land. Wenn man so will, ist die Unterscheidung zwischen absoluter und relativer Armut ein notwendiges und sinnvolles Hilfsmittel, um der Tatsache ihrer Ausdifferenzierung in einer sich zunehmend polarisierenden Welt semantisch Rechnung zu tragen. Schließlich tritt die Armut in so unterschiedlichen Erscheinungsformen auf und zeigt so viele Gesichter, dass man ihr nicht mit einem für alle Zeiten und Orte zutreffenden Fachterminus gerecht werden kann.

2.
Die bisherige Armuts- und Reichtumsberichterstattung der Bundesregierung: Daten statt Taten?

Die CDU/CSU-geführten Bundesregierungen weigerten sich bis zur Jahrtausendwende strikt, Armut als gesellschaftliche Realität anzuerkennen. Deshalb suchten Wohlfahrtsverbände, Gewerkschaften und Kirchen dieses Problem – so gut es ging – selbst zu dokumentieren. Zu nennen sind in diesem Zusammenhang einschlägige Berichte des Paritätischen Wohlfahrtsverbandes und der Caritas.[1] Im Februar 1994 erschien der erste Armutsbericht des DGB, der Hans-Böckler-Stiftung und des Paritätischen Wohlfahrtsverbandes, im November 2000 der mit über 600 Seiten noch umfangreichere zweite.[2] Auch manche Kommunen und einzelne Länder bauten früher als der Bund eine regelmäßige Berichterstattung zum Thema »Armut« auf, wenngleich es den meisten Verwaltungen schwer fiel, das Phänomen als solches offen zu benennen. Deshalb wurden die einschlägigen Materialsammlungen häufig verschämt »Sozialberichte« genannt. Sie erfüllten denn auch nur in den wenigsten

1 Vgl. Paritätischer Wohlfahrtsverband (Hg.), »... wessen wir uns schämen müssen in einem reichen Land ...«. Armutsbericht des Paritätischen Wohlfahrtsverbandes für die Bundesrepublik Deutschland, in: Blätter der Wohlfahrtspflege 11-12/1989; Richard Hauser/Werner Hübinger, Arme unter uns, 2 Bde., Freiburg im Breisgau 1993

2 Vgl. Walter Hanesch u. a., Armut in Deutschland. Der Armutsbericht des DGB und des Paritätischen Wohlfahrtsverbandes, Reinbek bei Hamburg 1994; ders. u. a., Armut und Ungleichheit in Deutschland. Der neue Armutsbericht der Hans-Böckler-Stiftung, des DGB und des Paritätischen Wohlfahrtsverbands, Reinbek bei Hamburg 2000

Fällen die hochgesteckten Erwartungen, sondern glichen, wie der Duisburger Hochschullehrer Dieter Oelschlägel monierte, nicht selten »Datenfriedhöfen«, die mehr über die Belastung des kommunalen Haushalts durch Sozialhilfekosten als über die reale Lebenssituation der Armen aussagten.[3]

Während es auf regionaler bzw. lokaler Ebene schon länger einzelne Sozialberichte gab, die sich darauf konzentrierten, das Ausmaß der Armut in einer Stadt oder einem Bundesland zu erfassen,[4] lehnte die damalige CDU/CSU/FDP-Koalition wiederholt Anträge der Oppositionsfraktionen ab, denselben Versuch auf zentralstaatlicher Ebene zu unternehmen. Erst die rot-grüne Koalition legte im April 2001, zweieinhalb Jahre nach dem mit großen, aber sehr bald enttäuschten Hoffnungen verbundenen Regierungswechsel,[5] den ersten Armuts- und Reichtumsbericht vor. Seither wird in jeder Legislaturperiode regierungsoffiziell dokumentiert, welches Ausmaß die soziale Ungleichheit hierzulande erreicht hat. Zu fragen ist, ob die bisherigen Regierungsberichte ihrer Hauptaufgabe gerecht geworden sind, eine gute Datenbasis zur sozialen Ungleichheit in Deutschland und sinnvolle Empfehlungen für deren Verringerung zu liefern.

2.1
Methodik, Inhalt und Aussagen des 1. Armuts- und Reichtumsberichts

Das ohne großen zeitlichen Vorlauf erstellte Dokument, welches aus einem Berichtsteil und einem nur wenig dünneren

---

3 Vgl. Dieter Oelschlägel, Die »Neue Armut« ist in die Jahre gekommen. Überlegungen zu Armut und Sozialarbeit, in: Soziale Arbeit 9-10/1994, S. 305

4 Vgl. z. B. Freie und Hansestadt Hamburg, Behörde für Arbeit, Gesundheit und Soziales – Landessozialamt (Hg.), Armut in Hamburg. Beiträge zur Sozialberichterstattung, Hamburg 1993

5 Vgl. hierzu: Christoph Butterwegge, Krise und Zukunft des Sozialstaates, 6. Aufl. Wiesbaden 2018, S. 155 ff.

Materialband bestand,[6] beeindruckte zwar durch seine immense Datenfülle, enttäuschte aber in konzeptioneller Hinsicht und ließ vor allem klare Aussagen zu den Ursachen der sozialen Polarisierung, zum Reichtum und zur Armutsbekämpfung vermissen. Hinsichtlich seiner Datenbasis ging der Bericht bis 1973 zurück und reichte gewiss nicht zufällig nur bis zum Amtsantritt von Rot-Grün im Herbst 1998. Denn dies ermöglichte es der neuen Bundesregierung, darin die Versäumnisse ihrer Amtsvorgängerinnen anzuprangern, ohne selbst für politische Fehler einstehen zu müssen. Obwohl bzw. vielleicht auch gerade weil ihm hauptsächlich eine symbolische Bedeutung zukam, wirkte der Bericht als Fanal, dass Armut in der Bundesrepublik existierte, dass die Regierung dem jahrzehntelang verleugneten Umstand einer sozialen Spaltung endlich Rechnung trug und dass sie dem Problem den Kampf erklärte.

Einerseits kann man gar nicht hoch genug veranschlagen, dass die rot-grüne Bundesregierung im Unterschied zu ihren Vorgängerinnen mit dem Bericht die Existenz von Armut konzedierte und zumindest im Titel gleichzeitig einen Zusammenhang mit dem Reichtum konstatierte. Oskar Negt sah darin denn auch »einen historischen Fortschritt für die Armutspolitik«, welche bis dahin »ersatzweise und unzulänglich« von Wohlfahrtsverbänden, Gewerkschaften und Kirchen betrieben worden sei.[7] Andererseits wies der Regierungsbericht jedoch zahlreiche Lücken, methodische Mängel und grobe Fehlinterpretationen auf, die es seinen Leser(inne)n nicht erlaubten, sich

6 Vgl. Bundesministerium für Arbeit und Sozialordnung (Hg.), Lebenslagen in Deutschland. Der erste Armuts- und Reichtumsbericht der Bundesregierung, 2 Bde., Bonn, April 2001

7 Siehe Oskar Negt, Armut als unterschlagene Wirklichkeit, in: Loccumer Initiative kritischer Wissenschaftlerinnen und Wissenschaftler (Hg.), Armut als Bedrohung. Der soziale Zusammenhalt zerbricht. Ein Memorandum, Hannover 2002, S. 7

ein adäquates Bild von den »Lebenslagen in Deutschland« zu machen.[8]

Rot-Grün setzte die Tradition aller Bundesregierungen fort, den massenhaften Bezug und die sich verfestigende Abhängigkeit vieler Menschen von Sozialhilfe nicht etwa als Folge bzw. Ausdruck der wachsenden Armut zu begreifen, sondern darin umgekehrt einen (Teil-)Erfolg des Wohlfahrtsstaates bei der Armutsbekämpfung zu sehen. Obwohl der Leistungsbezug zweifellos ein starkes Indiz für Armut ist, wurde die Sozialhilfe im ersten Regierungsbericht als »wirksames Instrument zur Bekämpfung von Armut und materiellen Notlagen« glorifiziert und gleichzeitig kritisiert, dass man den Leistungsbezug in der öffentlichen Diskussion »fälschlicherweise« häufig mit Armut gleichsetze: »Insbesondere bei steigenden Empfängerzahlen wird von einer zunehmenden Armut gesprochen. Diese Einschätzung ist besonders dann irreführend, wenn durch eine Anhebung der Leistungen der Sozialhilfe der Kreis der Anspruchsberechtigten ausgeweitet wird. Eine solche Entwicklung kann nicht als Anzeichen für eine steigende Armut interpretiert werden, sondern ist Ergebnis des gesetzgeberischen Willens zur Verbesserung der Lebenslage auf Sozialhilfe angewiesener Menschen.«[9]

Werner Rügemer warf der rot-grünen Koalition vor, nicht nur in Bezug auf den Kosovo-Krieg »systematische Desinformation« zu betreiben: »Auch hinsichtlich der sozialen Wirk-

8 Vgl. dazu: Friedhelm Hengsbach, Armut und Reichtum aus Regierungssicht, in: Blätter für deutsche und internationale Politik 6/2001, S. 647 ff.; Karl Georg Zinn, Gediegene Daten – problematische Rezepte. Zum »ersten Armuts- und Reichtumsbericht der Bundesregierung«, in: Richard Detje / Dierk Hirschel / Karl Georg Zinn, Reichtum und Armut. Supplement der Zeitschrift Sozialismus 6/2001, S. 20 ff.

9 Bundesministerium für Arbeit und Sozialordnung (Hg.), Lebenslagen in Deutschland. Der erste Armuts- und Reichtumsbericht der Bundesregierung, Bd. 1: Bericht, a. a. O., S. 74

lichkeit sollen die Regierten, die Wähler, die Bürger für dumm verkauft werden.«[10] Hier sei nur das krasseste Beispiel herausgegriffen, welches der Kölner Publizist nannte: Der im Regierungsbericht ohnehin bloß am Rand thematisierte Reichtum stand völlig unvermittelt neben der Armut und beschränkte sich vorrangig auf das Einkommen der Besserverdienenden und das private Geldvermögen, wohingegen das Immobilienvermögen nicht zum Marktwert, sondern zum erheblich niedrigeren steuerlichen Einheitswert und das noch wichtigere Produktivvermögen überhaupt nicht berücksichtigt wurde – von den Luxusgütern, die Millionäre, Multimillionäre und Milliardäre im Unterschied zu Durchschnittsbürger(inne)n besitzen, ganz zu schweigen.[11] Selbst solche Kommentatoren, welche die Armutsanalyse des Berichts für »zutreffend« bzw. »im Großen und Ganzen auch gelungen« hielten, kritisierten seine Aussagen zum Reichtum: »Wer kann begreifen«, fragte Gottfried Erb in der SPD-Theoriezeitschrift *Die Neue Gesellschaft/Frankfurter Hefte*, »dass Schmuck, Kunstgegenstände, Autos und eine Yacht, um nur das zu nennen, nicht zum Reichtum zählen, wo sie zu seinen sichtbarsten Zeichen gehören?«[12]

Hingegen klagte Meinhard Miegel, damals Leiter des Instituts für Wirtschafts- und Gesellschaftspolitik, lauthals darüber, dass Armut bei uns »ständig thematisiert« und »in voluminösen Berichten« dokumentiert werde, und empfahl aufgrund des vermeintlichen Rückgangs von Not und Elend, »in Deutschland und weiten Teilen der Europäischen Union auf den Begriff der Armut für die Beschreibung der hier herrschenden Zustände

---

10 Werner Rügemer, Heile Welten. Der Armuts- und Reichtumsbericht der Bundesregierung, in: Blätter für deutsche und internationale Politik 7/2001, S. 863

11 Vgl. ebd., S. 867

12 Gottfried Erb, Die soziale Spaltung verschärft sich. Zum Armuts- und Reichtumsbericht der Bundesregierung, in: Die Neue Gesellschaft/Frankfurter Hefte 7-8/2001, S. 440

zu verzichten. Das wäre ein Akt der sozialen Hygiene und Gerechtigkeit denen gegenüber, die in unserer eigenen Geschichte Not gelitten haben und in anderen Weltregionen heute noch Not leiden.«[13]

2.2 Die Umdeutung des Gerechtigkeitsbegriffs im 2. Armuts- und Reichtumsbericht

Nach am 27. Januar 2000 und am 19. Oktober 2001 gefassten Parlamentsbeschlüssen soll die Bundesregierung ihren Armuts- und Reichtumsbericht regelmäßig zur Mitte einer Legislaturperiode vorlegen. Hinter den ministeriellen Kulissen wurde beim nächsten Mal, im Herbst 2004, jedoch lange darum gerungen, wie ein Imageschaden für die Regierung zu vermeiden sei. Schließlich hatten Bundeskanzler Gerhard Schröder und seine Fachminister/innen nicht nur erklärt, die Arbeitslosenzahl deutlich reduzieren, sondern auch die (Kinder-)Armut verringern und den privaten Reichtum gleichmäßiger verteilen zu wollen, ohne dass der Entwurf eines 2. Armuts- und Reichtumsberichts irgendwelche Belege für diesbezügliche Erfolge enthielt. Demnach hatte die soziale Polarisierung sogar zugenommen, was seinen Niederschlag in den Expertisen zum Regierungsbericht fand. Überraschende und für die Bundesregierung enttäuschende Resultate des Berichtsentwurfs, der am 14. Dezember 2004 vorlag, drangen durch (möglicherweise taktisch begründet gezielt vorgenommene) Indiskretionen an Journalisten. Hauptsächlich ein »Vermögen: Wer hat, dem wird gegeben« überschriebener Artikel von Alexander Neubacher im *Spiegel* (29.11.2004) sorgte für Aufregung. Gemeinsam mit zahlreichen Pressemeldungen über einzelne Berichtsdaten kanalisierte er aber zugleich lange vor zwei wichtigen Landtags-

13 Meinhard Miegel, Die deformierte Gesellschaft. Wie die Deutschen ihre Wirklichkeit verdrängen, 2. Aufl. Berlin / München 2002, S. 105

wahlen im Frühjahr 2005 den Unmut über die Erfolglosigkeit der rot-grünen Armutsbekämpfung.[14]

Der erst am 2. März 2005 vom Bundeskabinett gebilligte Bericht konnte denn auch nicht darüber hinwegtäuschen, dass sich die Kluft zwischen Arm und Reich seit dem Regierungsantritt von Rot-Grün weiter vertieft hatte, und zwar beim privaten (Geld-)Vermögen wie auch beim Einkommen. War die »Armutsrisikoquote« zwischen den Jahren 1998 und 2003 von 12,1 Prozent auf 13,5 Prozent gestiegen, so verfügten die vermögendsten 10 Prozent der Haushalte mit knapp 47 Prozent des gesamten Nettovermögens im Jahr 2003 über gut zwei Prozentpunkte mehr als fünf Jahre zuvor, wobei das Betriebsvermögen erneut ausgeklammert blieb.[15]

Einem kritischen Leser des Regierungsberichts, der das Ausbleiben bzw. das Scheitern aller Versuche dokumentierte, Armut und soziale Ungleichheit zu verringern, fielen erneut zahlreiche Defizite, Brüche und Widersprüche ins Auge. Konzeptionell versuchte man zwar in Anknüpfung an den erreichten Forschungsstand, Armut qualitativ zu fassen und nicht auf fehlende finanzielle Ressourcen zu reduzieren, erlag jedoch der Versuchung, den bis dahin vorherrschenden Gerechtigkeitsbegriff zwecks Rechtfertigung der rot-grünen Regierungspraxis in Frage zu stellen. Es komme, wurde behauptet, nicht so sehr auf

14 Vgl. z. B. Armut in der Bundesrepublik nimmt zu. 13 Prozent gelten als arm, in: Welt am Sonntag v. 19.9.2004; Zahl bedürftiger Familien vergangenes Jahr gestiegen. Laut einem Regierungsbericht wächst die Armut in Deutschland, in: Süddeutsche Zeitung v. 20.9.2004; Armutsbericht: Nichts zu beschönigen an den »Lebenslagen in Deutschland«, in: Frankfurter Rundschau v. 21.12.2004; Dorothea Siems, Rentner und Pensionäre sammeln immer mehr Vermögen an. Armutsbericht: Reichtum »sehr ungleich« verteilt, in: Die Welt v. 8.1.2005

15 Vgl. Lebenslagen in Deutschland. Der 2. Armuts- und Reichtumsbericht der Bundesregierung, Bericht, o. O. u. J., S. XXII, XXV und 16ff.

die Umverteilung von materiellen Ressourcen, vielmehr auf die Bereitstellung von »Teilhabe- und Verwirklichungschancen« an.[16]

Man rekurrierte damit auf den Ansatz von Amartya Sen, einem bekannten indischen Ökonomen, der sich um die internationale Armutsforschung verdient gemacht und 1998 für seine Arbeiten zur Wohlstandsökonomie den Alfred-Nobel-Gedächtnispreis für Wirtschaftswissenschaft bekommen hat.[17] Sen begreift Armut zwar nicht in erster Linie als Geldmangel, sondern als Mangel an »Verwirklichungsmöglichkeiten«, ohne jedoch im Geringsten zu bestreiten, dass Letzterer mit der Knappheit materieller Ressourcen bzw. monetärer Mittel (Einkommen und Vermögen) verbunden ist. »In einem reichen Land verhältnismäßig arm zu sein kann die Verwirklichungschancen selbst dann extrem einengen, wenn das absolute Einkommen gemessen am Weltstandard hoch ist.«[18] Statt der Mittel hält Sen die Zwecke für zentral, denen sie dienen und welche Menschen verfolgen, sowie jene Fähigkeiten, die es ihnen ermöglichen, ihre Ziele zu erreichen. Sen wird jedoch gründlich missverstanden, wenn man daraus folgert, dass *Einkommens*armut und deren Bekämpfung von untergeordneter Bedeutung seien. Zwar hat die Verbesserung der Bildung, Gesundheitsversorgung, Wohnbedingungen usw. einen (hohen) Eigenwert, sie

---

16 Siehe ebd., S. XVII

17 Vgl. dazu: Jürgen Volkert (Hg.), Armut und Reichtum an Verwirklichungschancen. Amartya Sens Capability-Konzept als Grundlage der Armuts- und Reichtumsberichterstattung, Wiesbaden 2005; Ortrud Leßmann, Konzeption und Erfassung von Armut. Vergleich des Lebenslage-Ansatzes mit Sens »Capability«-Ansatz, Berlin 2007, S. 126 ff.; Clemens Sedmak u. a. (Hg.), Der Capability Approach in sozialwissenschaftlichen Kontexten. Überlegungen zur Anschlussfähigkeit eines entwicklungspolitischen Konzepts, Wiesbaden 2011

18 Amartya Sen, Ökonomie für den Menschen. Wege zu Gerechtigkeit und Solidarität in der Marktwirtschaft, 2. Aufl. München 2003, S. 112

begründet aber keinen Gegensatz zur Verringerung materieller Defizite. Um seine »Teilhabe- und Verwirklichungschancen« wahrnehmen zu können, braucht man Finanzmittel, über die Personen kaum verfügen dürften, denen bei der Sozialhilfe und beim Arbeitslosengeld II zugemutet wurde, mit 1,26 Euro im Monat für Kino- und Theaterbesuche auszukommen.

Neben der »Chancengleichheit«, die den freien Zugang eines jeden Menschen zu Bildungsinstitutionen und zum Arbeitsmarkt voraussetzt, erfuhr besonders die »Generationengerechtigkeit« im 2. Armuts- und Reichtumsbericht der Bundesregierung eine demonstrative Aufwertung, was vermutlich gleichfalls den Legitimationsbedürfnissen von SPD und Bündnis 90/Die Grünen geschuldet war. Dabei handelt es sich um ein Schlagwort, das wenig zur Klärung der bestehenden Verteilungsverhältnisse, zum Verständnis der gesellschaftspolitischen Hintergründe und zur Aufhellung der sozialstrukturellen Zusammenhänge beiträgt.[19]

Der 2. Armuts- und Reichtumsbericht ignorierte weitgehend die Spaltung zwischen Ost und West. Da redete man einen »Aufholprozess in den neuen Ländern« schön,[20] obwohl sich regionale und soziale Disparitäten zunehmend überlappten. Neben dem West-Ost-Wohlstandsgefälle, das seit jeher von einem Süd-Nord-Wohlstandsgefälle in beiden Landesteilen der alten Bundesrepublik überlagert wird, vertiefte sich die Kluft zwischen Oben und Unten. Durch sozioökonomische Krisenerscheinungen und Massenarbeitslosigkeit franste die kleinbürgerliche Mitte in den westlichen Bundesländern aus, während sie in den östlichen gar nicht erst zu einer relevanten Kraft wurde.

---

19 Vgl. hierzu: Christoph Butterwegge/Michael Klundt (Hg.), Kinderarmut und Generationengerechtigkeit. Familien- und Sozialpolitik im demografischen Wandel, 2. Aufl. Opladen 2003

20 Siehe Lebenslagen in Deutschland. Der 2. Armuts- und Reichtumsbericht der Bundesregierung, Bericht, a. a. O., S. 33

Weiter verwischte der Bericht die *strukturellen* Zusammenhänge zwischen einer wachsenden Armutspopulation und einem sich parallel dazu vermehrenden Reichtum. Die erschreckend hohe Armutsquote wurde auf eine vor allem aus »externen Schocks« wie den Terroranschlägen des 11. September 2001, dem Irakkrieg, dem Zusammenbruch des IT-Booms und spektakulären Bilanzskandalen von US-Unternehmen resultierende Wachstumsschwäche zurückgeführt und damit als bloßes Konjunktur-, nicht als Strukturproblem (an)erkannt.[21] Dass zunehmender Reichtum in einem Wirtschafts- und Gesellschaftssystem, welches auf dem Privateigentum an Produktionsmitteln, der Konkurrenz und der Mehrwertproduktion durch Ausbeutung menschlicher Arbeitskraft basiert, zwangsläufig Armut hervorbringt, blieb außer Betracht.

Schließlich fehlte die Einsicht, dass eine Regierungspolitik der »Standortsicherung«, wie sie SPD und Bündnis 90/Die Grünen machten, die soziale Polarisierung verschärft. Während Kapitaleigentümer, Begüterte und Spitzenverdiener als Gewinner dieser Form der ökonomischen Modernisierung immer reicher wurden, gehörten Millionen (Langzeit-)Arbeitslose, Obdachlose, Migrant(inn)en, (chronisch) Kranke, Behinderte, sozial benachteiligte Familien und Rentner/innen zu den Hauptverlierer(inne)n rot-grüner Reformen.

Gleichwohl mokierte sich Hans-Werner Sinn, damals Präsident des ifo Instituts für Wirtschaftsforschung an der Universität München, in einer »Geld fürs Nichtstun« betitelten Kolumne der *Wirtschaftswoche* (18.12.2006) darüber, dass EU-Bürger als von Armut bedroht gelten, die weniger als 60 Prozent des Medianeinkommens erzielen: »Wer in einer Steuerenklave, in der der Durchschnittsbürger eine Million Euro verdient, nur über ein Jahreseinkommen von 590.000 Euro verfügt, ist nach dieser Definition arm.« Um den relativen Armutsbegriff der

21 Siehe ebd., S. XVII

EU zu diskreditieren, scheute der bayerische Ökonom selbst vor dem Aufbau eines armutspolitischen Phantasialandes nicht zurück. Sein reichlich konstruiert wirkendes Beispiel kann bloß dann zur schönen Wirklichkeit für wenige Hyperreiche und zum Schrecken für die vielen Daheimgebliebenen werden, wenn sich die von Neoliberalen wie Sinn befürwortete Politik der größtmöglichen Bewegungsfreiheit für das Kapital durchsetzt. Ansonsten verweist es nur auf die Notwendigkeit, bei der relativen Armut die »richtige« Relation zu wählen und die gesellschaftlichen Rahmenbedingungen angemessen zu berücksichtigen.

Die »wirkliche« Armut hat laut Sinn wenig mit Geldmangel zu tun: »Der wahre Grund für die Probleme der deutschen Unterschicht ist statt beim Geld bei den fehlenden Arbeitsplätzen und der damit verbundenen sozialen Ausgrenzung zu suchen.« Stellen fehlten Sinn zufolge jedoch nicht aufgrund der Krisenanfälligkeit oder der kurzfristigen Profitorientierung des Finanzkapitals, vielmehr umgekehrt wegen der »extrem hohe(n) Lohnansprüche«, die ein überteuertes Sozialsystem produziere: »Das deutsche Armutsproblem ist nicht entstanden, weil der Staat zu knauserig war, sondern weil er im Gegenteil zu viel Geld für Nichtstun ausgegeben hat.«

2.3 Biografisierung, Pädagogisierung und Psychologisierung des Armutsproblems im 3. Bericht

Die im November 2005 gebildete Große Koalition setzte die von ihrer Vorgängerregierung begründete Tradition der Armuts- und Reichtumsberichterstattung fort. Seinen Entwurf für den 3. Armuts- und Reichtumsbericht stellte der zuständige Arbeits- und Sozialminister Olaf Scholz (SPD) am 19. Mai 2008 der Öffentlichkeit vor, ohne das Kabinett informiert und eine Ressortabstimmung der Ministerien darüber herbeigeführt zu haben. Noch vor seiner kurzfristig anberaumten Pressekonferenz gab Scholz ausgerechnet *Bild am Sonntag* (18.5.2008) ein Interview, in dem er seine Interpretation der vorgelegten Daten erläuterte und sich so die Deutungshoheit hierüber sicherte. Unter der Überschrift »Jeder achte Deutsche lebt in Armut!« verkündete Scholz seine zentrale Botschaft: »Der Sozialstaat wirkt!« Ohne die Sozialtransfers wie das Arbeitslosengeld II, Wohngeld und Kindergeld gäbe es laut Scholz doppelt so viele Arme. Die beiden *BamS*-Redakteure Michael Backhaus und Bernhard Kellner bezweifelten, dass man da von »Armut im engeren Sinn« reden könne, und erklärten die Orientierung des Berichts am Durchschnittseinkommen für »völlig lebensfremd. Denn wenn alle Bankvorstände in diesem Land eine Million Euro zusätzlich erhalten, steigt das Durchschnittseinkommen und somit die statistische Zahl der Armen. An deren tatsächlicher Situation hat sich aber nichts geändert.« Zwar war diese Feststellung falsch und unsachgemäß, weil das *Median*einkommen – wie oben gezeigt – überhaupt nicht steigt, nur weil einige Bankiers mehr verdienen, Scholz wies sie aber nicht zurück, sondern reagierte eher defensiv: »Klar. Wir haben es mit einem statistischen Wert zu tun. Und richtig ist auch, dass viele der 13 Prozent der Bürgerinnen und Bürger, die von Armut in Deutschland bedroht sind, mehr zum Leben haben als die Durchschnittsverdiener in vielen anderen Ländern. Doch man vergleicht die eigene Situation mit der des Nachbarn.«

Hans-Werner Sinn nutzte einmal mehr die Gelegenheit, um in der *Wirtschaftswoche* (26.5.2008) unter dem Titel »Bedarfsgewichteter Käse« sein Urteil über die »neue Armut«, die soziale Ungleichheit und die Entwicklung der Mittelschicht zu erläutern. Die wachsende Ungleichheit der Markteinkommen führte der neoliberale »Starökonom« auf exogene Faktoren, genauer: die Niedriglohnkonkurrenz der früher kommunistisch regierten Länder, zurück. Da die Sozialhilfe und das Arbeitslosengeld II ein über der »Armutsrisikogrenze« liegendes Einkommen sicherten, seien Transferleistungsempfänger/innen allerdings ohnehin höchstens »armutsgefährdet« zu nennen. »Kaum jemand, der sich in Deutschland legal aufhält, ist arm.« Armut lasse sich nur an der Einkommensverteilung messen, die hierzulande viel gleichmäßiger als beispielsweise in den USA sei. Kurzum, es sei Entwarnung angesagt, denn die Deutschen seien weniger bedürftig, als es die Bundesregierung suggeriere.

Weiterhin kritisierte Sinn, dass der Berichtsentwurf die »Arbeitsmarkterfolge« der vorangegangenen Jahre nicht berücksichtige und schon vor seiner Veröffentlichung überholt sei. Da er bedarfsgewichtete und nicht Pro-Kopf-Einkommen zugrunde lege, führe eine Verringerung der Haushaltsgröße, wie sie in Deutschland zuletzt stattgefunden habe (Erosion der Familien, Zunahme der Singles und ökonomisch motiviertes Auseinanderziehen von Hartz-IV-Bedarfsgemeinschaften), rechnerisch zur Verringerung des Einkommens und damit zu einem höheren Anteil armutsgefährdeter und aus der Mittelschicht fallender Personen. Die deutsche Öffentlichkeit rege sich über die vermeintliche Ungerechtigkeit der Marktwirtschaft auf, sei jedoch nur einem statistischen Artefakt aufgesessen, behauptete Sinn.

Zunächst fiel das Presseecho auf den Entwurfstext verhältnismäßig positiv aus,[22] die öffentliche Kritik daran wurde allerdings umso lauter, je mehr Politiker/innen, Expert(inn)en und Journalist(inn)en sich mit seinen Details befassten. Über zentrale Aussagen des Regierungsberichts gab es, wie sich zeigte, zwischen den Koalitionspartnern bzw. zwischen CDU/CSU- und SPD-Politiker(inne)n gravierende Meinungsverschieden-

22 Vgl. z. B. Daniel Schulz, Jeder achte Deutsche gilt offiziell als arm. Der neue Armuts- und Reichtumsbericht der Bundesregierung bestätigt einen alten Trend: Die Armen werden ärmer, und die Reichen werden reicher. Arbeitsminister Olaf Scholz (SPD) fordert als Gegenmaßnahme einen gesetzlichen Mindestlohn, in: taz v. 19.5.2008; Solke Lode, Das brennende Gefühl der Ohnmacht. Warum es in Deutschland mehr Bedürftige gibt, obwohl die Zahl der Arbeitslosen gesunken ist, in: Süddeutsche Zeitung v. 20.5.2008; Heribert Prantl, Armes Deutschland, in: ebd.

heiten.[23] Da die berücksichtigten Zahlen nur bis zum Jahr 2005 reichten, enthülle der Bericht bloß die schlechte Bilanz der rot-grünen Sozialpolitik, meinte beispielsweise CDU-Generalsekretär Ronald Pofalla. Inzwischen seien die Arbeitslosigkeit und damit auch die Armut erheblich gesunken, was der Bericht unerwähnt lasse, kritisierte der damalige Wirtschaftsminister Michael Glos (CSU).[24]

Zwar war die offiziell registrierte Arbeitslosigkeit in den Monaten davor zurückgegangen, die »Armutsrisikoquote« deshalb aber nicht automatisch gesunken. Wegen der guten Konjunkturlage waren zahlreiche Arbeitsplätze entstanden, viele davon allerdings im Niedriglohnbereich, weshalb früher Erwerbslose der Armut nicht immer entkamen, wenn sie einen solchen übernahmen. Eine neue Qualität dieses Wirtschaftsaufschwungs lag darin, dass die ökonomische Leistung deutlich zugenommen hatte, bei der Mehrzahl der privaten Haushalte davon jedoch nichts angekommen war, weshalb Camille Logeay und Rudolf Zwiener im Sommer 2008 das vernichtende Urteil fällten: »Trotz eines gut dreijährigen Konjunkturaufschwungs ist die reale Einkommenssituation vieler Haushalte heute schlechter als zuvor.«[25]

---

23 Vgl. hierzu und zum Folgenden: Philipp Wittrock, Deutschlands Armutszeugnis entzweit Koalition, in: Spiegel Online v. 19.5.2008; CDU hält Armutsbericht für untauglich, in: Die Welt v. 26.5.2008; Maike Rademaker / Birgit Marschall, Wirtschaftsminister ändert Teile des Armutsberichts, in Financial Times Deutschland v. 26.6.2008; Ulrich Schulte, Armutszeugnis für den Arbeitsminister, in: taz v. 26.6.2008

24 Vgl. Björn Finke, Aufschwung kam erst später. Der Report bezieht sich noch auf das Krisenjahr 2005, in: Süddeutsche Zeitung v. 21./22.5.2008; Glos hält Armutsbericht der Bundesregierung für ungenügend, in: Die Welt v. 2.6.2008; Glos: Armutsbericht zeichnet zu düsteres Bild. Arbeitgeber warnen vor neuer Umverteilung, in: Die Welt v. 26.6.2008

25 Camille Logeay / Rudolf Zwiener, Deutliche Realeinkommensverluste für Arbeitnehmer: Die neue Dimension eines Aufschwungs, in: WSI-Mitteilungen 8/2008, S. 421

Gewissermaßen seitenverkehrt zu den Unionsparteien und ihren Minister(inne)n im Kabinett Merkel/Steinmeier warfen manche Armutsforscher/innen, linke Kritiker/innen und einzelne Journalist(inn)en der Bundesregierung vor, die soziale Lage in dem Bericht zu schönen.[26] Hatte die »Armutsrisikogrenze« im 2. Regierungsbericht von 2005 noch bei 938 Euro gelegen, war sie in dem neuen Bericht drastisch auf 781 Euro gesunken, wodurch sich die Zahl der Betroffenen rechnerisch deutlich verringerte. Dies war nur zu einem geringen Teil den Lohn- und Gehaltseinbußen geschuldet, die Arbeitnehmer/innen hierzulande in der Zwischenzeit erlitten hatten. Entscheidender war, dass die Bundesregierung bzw. das zuständige Arbeits- und Sozialministerium vom Sozio-oekonomischen Panel (SOEP), das seit 1984 bundesweit und mittlerweile vom Deutschen Institut für Wirtschaftsforschung (DIW) erhoben wird, zu einer anderen Quelle, nämlich der Gemeinschaftsstatistik über Einkommen und Lebensbedingungen »Leben in Europa« (EU-SILC), hinübergewechselt hatte, die seit 2005 ebenfalls jährlich erhoben wird und EU-weite Vergleiche ermöglicht, aber als weniger zuverlässig gilt.[27]

Besonders groß fiel der Unterschied durch die Verwendung einer anderen Erhebung bei den Kindern unter 15 Jahren aus: Während die »Armutsrisikoquote« für diese Gruppe im Jahr 2005 nach den Ergebnissen von EU-SILC bei 12 Prozent lag, d. h. sogar einen Prozentpunkt unter dem Wert für die Gesamtbevölkerung, lag sie auf der Grundlage des SOEP mehr als dop-

26 Vgl. z. B. B. Dribbusch / U. Schulte, Getunter Armutsbericht. Sozialminister Scholz sieht 13 Prozent der Deutschen in Armut, die Statistik zeigt aber 18 Prozent, in: taz v. 20.5.2008; Felix Berth, Viele Ausländer übersehen. Wissenschaftler bemängeln die Auswahl der Befragten – dadurch seien die Zahlen zu gut ausgefallen, in: Süddeutsche Zeitung v. 21./22.5.2008

27 Vgl. Bundesministerium für Arbeit und Soziales (Hg.), Lebenslagen in Deutschland. Der Dritte Armuts- und Reichtumsbericht der Bundesregierung, Bd. 1: Bericht, Bonn, Juli 2008, S. Xf.

pelt so hoch, nämlich bei 26 Prozent (18 Prozent insgesamt), was der 3. Armuts- und Reichtumsbericht der Bundesregierung nur am Rande vermerkte.[28]

Für die schwarz-rote Bundesregierung war Bildung der »Schlüssel für Teilhabe und Integration«, weshalb es im Dritten Armuts- und Reichtumsbericht hieß: »Schulische Bildung und berufliche Qualifikation sind die Grundlage für Teilhabe am Arbeitsmarkt und der beste Schutz gegen Arbeitslosigkeit und Einkommensarmut.«[29] Unter das Motto »Aufstieg durch Bildung« stellte die CDU/CSU/SPD-Koalition eine »Nationale Qualifizierungsinitiative«, die den Fachkräftebedarf der Wirtschaft decken helfen sollte. Zwar kann ein Individuum durch die Beteiligung an (Aus-)Bildungsprozessen einer prekären Lebenslage entkommen, eine gesamtgesellschaftliche Lösung bietet Bildung allein freilich nicht.

Zweifellos ist die Armut in Deutschland ohne eine spürbare Verbesserung der Bildungseinrichtungen und der Bildungschancen für alle (Wohn-)Bürger/innen bzw. ihre Kinder nicht erfolgreich zu bekämpfen. Aber *nur* mittels einer Bildungsoffensive lässt sich das Problem ebenso wenig lösen. Darüber hinaus ist neben einer Vielzahl anderer Maßnahmen zur Verbesserung der sozialen Infrastruktur die Umverteilung von Arbeit, Einkommen und Vermögen nötig.[30] Schließlich kann die Pädagogik weder eine gerechte Steuerpolitik noch eine die Armut bekämpfende Sozialpolitik ersetzen. Sie beeinflusst eher das Verhalten der davon (potenziell) Betroffenen; es kommt jedoch darauf an, die gesellschaftlichen Macht- und Herrschaftsverhältnisse zu verändern.

---

28 Vgl. ebd., S. 91 und S. 306

29 Ebd., S. 187

30 Vgl. hierzu: Christoph Butterwegge, Armut in einem reichen Land. Wie das Problem verharmlost und verdrängt wird, 4. Aufl. Frankfurt am Main / New York 2016, S. 269 ff.

In der Altersarmut sah die damalige Große Koalition »kein aktuelles Problem«, wie ihr 3. Armuts- und Reichtumsbericht beschwichtigend erklärte: »Das Armutsrisiko Älterer hat trotz schwieriger wirtschaftlicher Rahmenbedingungen nicht zugenommen. Ende 2006 bezogen nur 2,6 % der Frauen und 1,8 % der Männer und damit insgesamt 2,3 % der Menschen im Alter ab 65 Jahren Grundsicherung im Alter und bei Erwerbsminderung. Niedrige Alterseinkommen drohen jedoch bei Personengruppen, die längere Phasen selbständiger Tätigkeit mit geringem Einkommen, geringfügiger Beschäftigung, Arbeitslosigkeit oder familienbedingter Erwerbsunterbrechungen in ihren Erwerbsbiografien aufweisen.«[31]

Verwiesen wurde an derselben Stelle auf die Notwendigkeit zusätzlicher, d. h. privater Altersvorsorge, wie sie die rot-grüne Koalition bei gleichzeitiger Kürzung der gesetzlichen Rente für alle in Gestalt der sog. Riester- und der sog. Rürup-Rente mit staatlicher Unterstützung für Wenige ermöglicht bzw. erleichtert hatte. Unerwähnt blieb hingegen, dass die rot-grüne Vorgängerregierung mit der sog. Riester-Treppe und dem von Bert Rürup propagierten »Nachhaltigkeitsfaktor« zwei Absenkungsmechanismen in die Rentenanpassungsformel eingebaut hatte, durch die das Rentenniveau schrittweise von 53 Prozent um die Jahrtausendwende bis zum Jahr 2030 auf 43 Prozent vor Steuern – also um fast ein Fünftel – zurückgehen darf, ohne dass der Gesetzgeber korrigierend eingreifen muss. Auch die von CDU, CSU und SPD beschlossene Anhebung der Regelaltersgrenze von 65 auf 67 Jahre war eine verkappte Rentenkürzung, die weitere Altersarmut gewissermaßen vorprogrammierte.[32]

---

31 Bundesministerium für Arbeit und Soziales (Hg.), Lebenslagen in Deutschland. Der Dritte Armuts- und Reichtumsbericht der Bundesregierung, Bd. 1: Bericht, a. a. O, S. V

32 Vgl. hierzu und zum Folgenden: Christoph Butterwegge / Gerd Bosbach / Matthias W. Birkwald (Hg.), Armut im Alter. Probleme und Perspektiven der sozialen Sicherung, Frankfurt am Main / New York 2012

Einen Tag, nachdem das Bundeskabinett den dickleibigen Bericht verabschiedet hatte, kommentierte Dorothea Siems in der *Welt* (26.6.2008) unter der Überschrift »Wir brauchen Ungleichheit« diesen Beschluss. Zunächst wies sie die Vorstellung, das Armutsproblem lasse sich »mit neuen sozialen Wohltaten und noch mehr steuerlicher Umverteilung« gänzlich lösen, als »gefährlichen Irrtum« zurück. Ungleichheit werde hierzulande *fälschlicherweise* gern mit Ungerechtigkeit gleichgesetzt, denn dass, wer mehr lerne und mehr leiste, besser verdiene als ein »bequemer Kollege«, sei nicht bloß fair, sondern notwendig. Menschen würden durch unterschiedliche Einkommen zur Leistung animiert, wohingegen eine auf Gleichmacherei gerichtete Politik den Fleißigen bestrafe und damit falsche Anreize setze. »Der deutsche Wohlfahrtsstaat ist mitverantwortlich dafür, dass in Teilen der Gesellschaft der Aufstiegswille erlahmt ist. Wenn Hauptschüler als Berufswunsch ›Hartz IV‹ angeben, wenn Migranten in der dritten Generation nicht fließend Deutsch sprechen, wenn Langzeitarbeitslose überzogene Gehaltsvorstellungen haben, dann läuft etwas schief in diesem Land.« Das zentrale Problem sei nicht die soziale Ungleichheit, sondern mangelnde Mobilität, die der Staat durch mehr Druck auf die genannten Gruppen (»konsequentes Fordern«) fördern müsse. »Armut ist erträglich, wenn man weiß, dass es aufwärtsgeht.« Schließlich habe das Gros der Studierenden kein Problem, mit wenig Geld über die Runden zu kommen. Wichtig sei die Perspektive, und wer nie gelernt habe, sich anzustrengen, besitze eben keine.

Die fast unmittelbar im Anschluss an die Verabschiedung des Regierungsberichts von der *FAZ* veröffentlichten Berichte und Kommentare zu diesem Themenkreis hat Stephan Lessenich ausgewertet. Er wirft der überregionalen Tageszeitung vor, im Juli 2008 mit einer ganzen Reihe von Artikeln den Eindruck vermittelt zu haben, dass Armut hierzulande höchstens als »statistisches Artefakt« existiere: »Vierzehn Tage lang wütete auf den

Wirtschaftsseiten des laut Impressum amtlichen Publikationsorgans der deutschen Börsenplätze ein geradezu heiliger Zorn auf die Ideologieproduktion der amtlichen und halbamtlichen Statistik, regierten als redaktionelle Stilmittel die Anführungszeichen, wenn von ›Studien‹ über die ›Armut‹ die Rede war.«[33]

2.4 Diskussionen und Kontroversen um den 4. Regierungsbericht

Mit dem Entwurf zum 4. Armuts- und Reichtumsbericht, der im September 2012 nicht zufällig erneut durch eine Indiskretion an die Öffentlichkeit gelangte, erreichte die Debatte über die soziale Polarisierung in der Bundesrepublik einen weiteren Höhepunkt. Als die *Süddeutsche Zeitung* (18.9.2012) darüber unter dem Titel »Reiche trotz Finanzkrise immer reicher« berichtete, ging ein kurzer Aufschrei der Empörung durchs Land, weil das Bundesministerium für Arbeit und Soziales die Tendenz zur Spaltung des Landes empirisch belegte. Obwohl man über den privaten Reichtum und seine Konzentration auf wenige Familien nicht viel mehr als in früheren Regierungsdokumenten dieser Art erfuhr, riefen die wenigen Zahlen hierzu die FDP auf den Plan, deren Zerrbild einer wohlständigen, sozial nivellierten und wenig polarisierten Bundesrepublik dadurch getrübt wurde. Innerhalb der schwarz-gelben Koalition stieß sich besonders Vizekanzler und Wirtschaftsminister Philipp Rösler an den Feststellungen im Entwurf des Arbeits- und Sozialressorts, wonach die Privatvermögen hierzulande »sehr ungleich verteilt« waren, die Einkommensspreizung zugenommen hatte, über 4 Mio. Menschen für einen Bruttostundenlohn von unter 7 Euro arbeiteten und Niedriglöhne das Armutsrisiko verschärfen und den sozialen Zusammenhalt schwächen, sowie an

33 Stephan Lessenich, Alles relativ. Warum es in Deutschland keine Armut geben darf, in: PROKLA 152 (2008), S. 479

der Forderung nach einer Prüfung durch die Bundesregierung, ob und wie der private Reichtum über die Progression in der Einkommensbesteuerung hinaus für die nachhaltige Finanzierung öffentlicher Aufgaben heranzuziehen sei.[34]

Daraufhin wurden jene Passagen, die den ausufernden Niedriglohnsektor, die zunehmende Lohnspreizung und die extreme Verteilungsschieflage betrafen, im Rahmen der Ressortabstimmung gestrichen, ins Gegenteil verkehrt bzw. abgeschwächt,[35] was der Regierungskoalition nach Bekanntwerden der geänderten Fassung den Vorwurf eintrug, Zensur ausgeübt und das Dokument über die Lebenslagen in Deutschland geschönt zu haben. Zum ersten Mal wurde Berichtskosmetik dieser Art vor aller Augen betrieben und weiten Teilen der Öffentlichkeit klar, dass Armut und Reichtum einer politischen Klassifikation unterliegen und selbst innerhalb des »bürgerlichen Lagers« gegensätzliche Bewertungen existieren. Deshalb wäre es auch falsch, den Armuts- und Reichtumsbericht von »unabhängigen« Wissenschaftlern erstellen zu lassen und die Bundesregierung damit von der Pflicht zu entbinden, selbst deutlich Position in Sachen Einkommens- und Vermögensverteilung bzw. Verteilungs(un)gerechtigkeit zu beziehen.

Trotz aller Beschönigungs-, Beschwichtigungs- und Entschuldigungsversuche dokumentierte der 4. Armuts- und Reichtumsbericht deutlicher als die vorangegangenen Deutschlands doppelte Spaltung: Erstens wachsen Armut und Reichtum gleichermaßen, sind also zwei Seiten derselben Medaille. Dies zeigt sich besonders deutlich beim Vermögen, das Arme gar nicht haben, weil es sich zunehmend bei wenigen Hyper-

---

34 Vgl. Lebenslagen in Deutschland. Entwurf des 4. Armuts- und Reichtumsberichts der Bundesregierung, Stand: 17.9.2012, 17:00 Uhr, S. IX, XIX, XX, XXII f. und XLII

35 Vgl. Lebenslagen in Deutschland. Entwurf des 4. Armuts- und Reichtumsberichts der Bundesregierung, Stand: 21.11.2012, S. VIII, XLVI und passim

reichen konzentriert, die über riesiges Kapitaleigentum verfügen und meistens auch große Erbschaften machen. Während die reichsten 10 Prozent der Bevölkerung fast 53 Prozent des Nettogesamtvermögens besaßen, kam die ärmere Hälfte der Bevölkerung nur auf 1 Prozent.[36] Über 40 Mio. Menschen lebten also gewissermaßen von der Hand in den Mund, waren nur eine schwere Krankheit oder eine Kündigung von der Armut entfernt.

Zweitens geht der wachsende private Reichtum zwangsläufig mit einer öffentlichen Verarmung einher. Während sich das private Nettovermögen allein zwischen 2006 und 2011 um 1,5 Bio. Euro auf gut 10 Bio. Euro erhöht hatte, war das Nettovermögen des Staates in den vergangenen beiden Jahrzehnten um mehr als 800 Mrd. Euro gesunken.[37] Geld ist also genug da, es befindet sich aber in den falschen Taschen, was den Staat auf Dauer handlungsunfähig macht, obwohl er die Aufgabe hat, soziale Probleme zu lösen oder wenigstens zu lindern. Da sich Banker, Broker und Börsianer, besonders rücksichtslose Spekulanten, die Taschen gefüllt hatten, musste der Staat im Gefolge der Finanz-, Wirtschafts- und Währungskrise bluten, öffentliches Eigentum verscherbeln und mehr Schulden machen, um »Rettungspakete« für Gläubigerbanken, Kapitalanleger und Großaktionäre schnüren zu können. Daher bedeuten im Grundgesetz, in den Landesverfassungen und im europäischen Fiskalvertrag festgeschriebene »Schuldenbremsen«, dass der Sozialstaat, wie man ihn bisher kannte, zu Grabe getragen wird.

Vernachlässigt wurden krasse regionale Disparitäten, unter denen das Ost-West-, das Nord-Süd- und das Stadt-Land-

---

36 Vgl. Bundesministerium für Arbeit und Soziales (Hg.), Lebenslagen in Deutschland. Der Vierte Armuts- und Reichtumsbericht der Bundesregierung, Bericht, Bonn, März 2013, S. 465

37 Vgl. ebd., S. XLIII; Entwurf des 4. Armuts- und Reichtumsberichts der Bundesregierung, Stand: 17.9.2012, S. XXXIX

Wohlstandsgefälle besonders hervorstechen, wie der Paritätische in seinem »Armutsatlas« dokumentiert hat.[38] Wenn die Deregulierung des Arbeitsmarktes, die Demontage des Sozialstaates und die unsoziale Steuerpolitik mehrerer Regierungen nicht beendet werden, dürften die Städte der Bundesrepublik künftig noch mehr zerfallen: in Luxusquartiere, wo sich die (Hyper-)Reichen hinter hohen Mauern verschanzen und von privaten Sicherheitsdiensten bewachen lassen, einerseits sowie in Elendsgettos, wo sich die Armen konzentrieren, andererseits.

Was der 4. Armuts- und Reichtumsbericht verschwieg: Das hier skizzierte Szenario hatte die Bundesregierung selbst heraufbeschworen, wie auch diesmal nur berichtet wurde, aber Konsequenzen im Sinne einer Kurskorrektur etwa auf steuerpolitischem Gebiet ausblieben. Der Bielefelder Sozialhistoriker Hans-Ulrich Wehler nannte die Änderung des Ursprungsentwurfs ein »schwarz-gelbes Bubenstück«, das zur »Verstümmelung« des 4. Armuts- und Reichtumsberichts geführt habe, und fragte mit Recht, wo angesichts einer sich dramatisch zuspitzenden Ungleichverteilung von Einkommen, Vermögen und Lebenschancen der Protest bleibe.[39]

Methodisch hatte im 4. Armuts- und Reichtumsbericht ein Paradigmenwechsel stattgefunden: Die bisher im Mittelpunkt stehenden Kernindikatoren (17 Armuts-, fünf Reichtums- und acht Querschnittsindikatoren) wurden zwar fortgeschrieben, in den Vordergrund waren durch die Entscheidung für das Lebensphasenmodell aber die biografischen Übergänge zwischen Kindheit, Jugend sowie frühem, mittlerem, hohem und

38 Vgl. Der Paritätische Gesamtverband (Hg.), Positive Trends gestoppt, negative Trends beschleunigt. Bericht zur regionalen Armutsentwicklung in Deutschland 2012, Berlin, Dezember 2012 (www.der-paritaetische.de)

39 Siehe Hans-Ulrich Wehler, Wachsende Ungleichheit. Wo bleibt der Protest? – Anmerkungen zum Entwurf des Armuts- und Reichtumsberichts der Bundesregierung, in: Die Zeit v. 7.2.2013

höchstem Erwachsenenalter gerückt.[40] Der analytische Fokus lag auf »sozialer Mobilität«, d.h. gesellschaftlichen Auf- und Abstiegen sowohl im Lebensverlauf von Menschen (intragenerationale Mobilität) wie von der Eltern- zur Kindergeneration (intergenerationale Mobilität). Primär ging es um die Erfolgs- und Risikofaktoren für Auf- bzw. Abstiege in verschiedenen Lebensphasen.

Zwar werden an bestimmten Stationen im Lebensverlauf vieler Menschen entscheidende Weichen gestellt, die biografische Entwicklung gibt aber höchstens Aufschluss über einen geringen Teil der Armutsrisiken. Das sog. Lebensphasenmodell fokussiert auf situative Momente der Armutsentwicklung, wohingegen sozioökonomische, sektorale und sozialräumliche Entwicklungsdeterminanten zwangsläufig aus dem Blickfeld geraten. Dass die Armut – ebenso wie der Reichtum – strukturell bedingt und ein gesellschaftliches Problem ist, entgeht der Analyse, wenn die aufeinander folgenden Abschnitte der Biografie im Mittelpunkt stehen. Weil der 4. Armuts- und Reichtumsbericht überwiegend auf – für andere Zwecke erhobenen – Querschnittsdaten basierte, blieb außerdem die erforderliche Längsschnittbetrachtung auf der Strecke. Hier liegt ein Hauptmangel aller bisherigen Regierungsberichterstattung: Nach den ökonomischen, politischen und sozialen *Ursachen* der kaum mehr zu leugnenden Spreizung von Einkommen und Vermögen wurde in keinem Armuts- und Reichtumsbericht gefragt. Höchstens die *Auslöser* persönlicher Notlagen wie Arbeitslosigkeit, Trennung bzw. Scheidung vom (Ehe-)Partner oder (Früh-)Invalidität waren Gegenstand der Betrachtung.

Während das Stichwort »Kinderarmut« nur in den Fußnoten bzw. den dort aufgeführten Titeln zitierter Fachliteratur

40 Vgl. Bundesministerium für Arbeit und Soziales (Hg.), Lebenslagen in Deutschland. Der 4. Armuts- und Reichtumsbericht der Bundesregierung, Bd. 1: Bericht, a.a.O., S. 24 ff.

auftauchte, wurde Altersarmut als in ferner Zukunft drohende Gefahr heruntergespielt: »Die Einkommens- und Vermögenssituation der Älteren von heute ist überdurchschnittlich gut«, hieß es im 4. Armuts- und Reichtumsbericht.[41] Es wurde darauf hingewiesen, dass am 31. Dezember 2011 »nur« 436.210 Personen über 64 Jahren die Grundsicherung im Alter bezogen, was einem Anteilswert von rund 2,6 Prozent der Bevölkerung in dieser Altersgruppe entsprach, wohingegen der Anteil von Empfänger(inne)n von Mindestsicherungsleistungen aller Altersgruppen an der Gesamtbevölkerung bei 8,9 Prozent lag. Dies mache deutlich, hieß es weiter, »dass Bedürftigkeit im Alter heute kein Problem darstellt.«[42] Hierbei übersah oder unterschlug die Bundesregierung, dass die Dunkelziffer, d.h. der Anteil jener Menschen, die – ihnen eigentlich zustehende – Sozialleistungen wie die Grundsicherung nicht beantragen, weil sie zu stolz sind, weil sie sich schämen, weil sie den bürokratischen Aufwand scheuen oder weil sie fälschlicherweise den Unterhaltsrückgriff auf ihre Kinder und Enkel fürchten, unter den Senior(inn)en besonders hoch ist. Man hätte daher von weit mehr als einer Million Ruheständler(inne)n ausgehen müssen, die auf oder unter dem Hartz-IV-Niveau (seinerzeit 707 Euro pro Monat im Durchschnitt) lebten. Mehr als 760.000 hatten einen Minijob; fast 120.000 davon waren 75 Jahre oder älter. Altersarmut ist eben kein Problem von gestern oder von morgen, sondern längst eine bedrückende Zeiterscheinung, wie jeder weiß, der alte Menschen frühmorgens Zeitungen austragen, öffentliche Toiletten putzen oder Regale im Supermarkt einräumen sieht.

Wer ohne ideologische Scheuklappen durchs Land ging und genau hinschaute, kam zu einem ganz anderen Ergebnis als die Bundesregierung: Kaum merklich drang die Armut bis

41 Vgl. ebd., S. XXXVIII

42 Siehe ebd.

zur Mitte der Gesellschaft vor und verfestigte sich dort. In manchen Ballungsgebieten und Boomtowns der Bundesrepublik drastisch steigende Mieten und Energiepreise gefährdeten sogar den Lebensstandard von Normalverdienern und verstärkten die Angst vieler Mittelschichtangehöriger vor dem sozialen Abstieg. Die soziale Ungleichheit wuchs in erschreckendem Maße, ohne von den politischen Entscheidungsträgern als Kardinalproblem der Gesellschaftsentwicklung wahrgenommen zu werden. Aufgrund härterer Verteilungskämpfe um die knappen Finanzmittel des Staates war jedoch keine Verbesserung des sozialen Klimas in Sicht.

Immer wenn ein neuer Armutsbericht veröffentlicht wird, flammt die Kontroverse auf, ob es sich bei Deprivationserscheinungen hierzulande tatsächlich um Armut handelt oder nicht. Der jahrzehntealte Streit um das relationale Armutsverständnis und die Quote der Betroffenen ist kein Streit um des Kaisers Bart, geht es doch um etwas Grundsätzliches: das herrschende Armutsbild und den Umgang mit Armut in einem reichen Land.

Die kontroversen Diskussionen über den 4. Armuts- und Reichtumsbericht zeigten, dass eine liberal-konservative Regierung, die den Interessen der reichen Besitzstandswahrer verpflichtet ist, den Wohlhabenden nicht wehtun will und alles vermeidet, was diese stärker belasten würde. Daher wurden auch keinerlei Konsequenzen im Sinne einer Kurskorrektur, etwa auf steuerpolitischem Gebiet, aus dem Bericht gezogen. Sollte die Bundesregierung laut dem ursprünglichen Entwurf wenigstens prüfen, ob und wie privater Reichtum über die Progression in der Einkommensteuer hinaus für die nachhaltige Finanzierung öffentlicher Aufgaben herangezogen werden könne,[43] hieß es in der Endfassung: »Die Bundesregierung prüft, wie weiteres

---

43 Vgl. Lebenslagen in Deutschland. Entwurf des 4. Armuts- und Reichtumsberichts der Bundesregierung, Stand: 17.9.2012, a.a.O., S. XLII

persönliches und finanzielles *freiwilliges Engagement Vermögender* in Deutschland für das Gemeinwohl eingeworben werden kann.«[44] Die neue, total verquaste Formulierung konnte nicht überdecken, dass man es Reichen und Hyperreichen selbst überlassen wollte, ob und wie sie sich für das Gemeinwohl engagieren.

2.5 Verschleierung des Reichtums und Verharmlosung der Armut im 5. Bericht

Auch der 5. Armuts- und Reichtumsbericht, dessen Entwurf im Oktober 2016 vorlag, überstand die Ressortabstimmung nicht unbeschadet. Vielmehr wurden erneut zentrale Aussagen gestrichen oder abgeschwächt. Das betraf die theoretischen Überlegungen zum Verhältnis von Armut, Reichtum und (repräsentativer) Demokratie ebenso wie das »Einfluss von Interessensvertretungen und Lobbyarbeit« überschriebene Unterkapitel und das Ergebnis einer Untersuchung, wonach die Wahrscheinlichkeit für eine Politikänderung wesentlich höher ist, wenn diese von vielen Befragten mit höherem Einkommen unterstützt wird. Weder teilten das Kanzleramt und das Finanzministerium, die beide CDU-geführt waren, explizit die Einschätzung, dass sich die Interessen materiell Bessergestellter eher durchsetzen als die weniger Betuchter, noch wollten sie ausführlich dargestellt haben, dass sich Arme immer weniger an Wahlen beteiligen und man deshalb von einer Krise der politischen Repräsentation sprechen kann. Auch der Hinweis, dass extreme soziale Ungleichheit das Wirtschaftswachstum und damit den Wohlstand einer Gesellschaft beeinträchtigt, wurde im Rahmen der ersten Ressortabstimmung aus dem Ursprungsentwurf des

44 Bundesministerium für Arbeit und Soziales (Hg.), Lebenslagen in Deutschland. Der 4. Armuts- und Reichtumsbericht der Bundesregierung, Bd. 1: Bericht, a. a. O., S. XLVIII (Hervorh. im Original)

seinerzeit von Andrea Nahles (SPD) geleiteten Arbeits- und Sozialministeriums gestrichen.

Der erst am 12. April 2017 mit anderthalbjähriger Verspätung vom Bundeskabinett verabschiedete 5. Armuts- und Reichtumsbericht fiel mit seinem Umfang von über 650 Seiten noch dicker als seine Vorgänger aus. Ausgesprochen dünn ist die Datenlage jedoch weiterhin im Kernbereich der absoluten, extremen bzw. existenziellen Armut, also dort, wo es um Wohnungs- bzw. Obdachlosigkeit geht. Wenn künftig nicht bloß in einzelnen Ländern wie Nordrhein-Westfalen, sondern auf der Bundesebene eine amtliche Statistik zum Problem der Wohnungslosigkeit existiert, kann man die zuständigen Behörden und die politisch Verantwortlichen leichter bewegen, es mit der erforderlichen Konsequenz anzugehen. Bis dahin stützte sich die Bundesregierung auf Schätzungen der BAG Wohnungslosenhilfe, wonach es 2014 in Deutschland wieder mehr als 335.000 Wohnungslose gab. 39.000 Menschen lebten dem Dachverband der Wohnungslosenhilfe zufolge seinerzeit auf der Straße. In beiden Fällen war die Tendenz stark steigend.

Noch dürftiger waren der Erkenntnisstand und die Datenlage zur (Ungleich-)Verteilung des privaten Reichtums in Deutschland. An der Tatsache, dass der Reichtum in den Regierungsberichten ein Nischendasein fristet, hatte sich wenig geändert. Entgegen den Absichtsbekundungen von Nahles blieb er letztlich ein Stiefkind der statistischen Datenerfassung und -analyse. Großbanken, transnationale Konzerne, Hedge-Fonds, Private-Equity-Gesellschaften und weltweit agierende Vermögensverwalter wie BlackRock, die Unsummen anlegen und dadurch bedingt auch großen politischen Einfluss haben, kamen im 5. Armuts- und Reichtumsbericht überhaupt nicht vor.

Man hatte zwar ein Forschungsprojekt zum Reichtum in Auftrag gegeben, ihn allerdings so diffus definiert, dass die soziale Ungleichheit im Berichtszeitraum kaum gestiegen war. »Einkommens*reich*« ist nach der zugrunde gelegten Definition, wer über mehr als das Doppelte bzw. Dreifache des mittleren Nettoäquivalenzeinkommens der Gesamtbevölkerung verfügt – das waren 3.452 bzw. 5.178 Euro pro Monat (2013: SOEP).[45] Wer einen alleinstehenden Studienrat auf dieser Basis nur wegen seines Gehalts für (einkommens)reich erklärt, verliert den Reichtum allerdings zwangsläufig aus dem Blick.

Während das subjektive Empfinden (Schmach, Demütigung, Erniedrigung und soziale Ausgrenzung) sowie die Meinung der Armen nur in einem Workshop mit 30 Teilnehmer(inne)n zur Debatte standen, wurden für den Regierungsbericht 130 »*Hoch*vermögende«, deren Gesamtvermögen sich im Schnitt gerade mal auf 5,3 Mio. Euro belief, ausführlich interviewt.[46] Bei einem individuellen Nettovermögen von über 500.000 Euro, d. h. schon dann, wenn jemand in einer begehrten Groß- oder Universitätsstadt der Bundesrepublik eine Eigentumswohnung mittlerer Größe besaß, galt man als *vermögens*reich. Obwohl der Bericht auch ein paar relativierende Bemerkungen zu diesem Reichtumsverständnis enthielt, konnte er nicht überzeugen.

Werden »normale« Mittelschichtangehörige, die im Wohlstand leben, wie selbstverständlich zu den Reichen gezählt, lässt sich die Tatsache, dass sich der wirkliche Reichtum in wenigen Händen konzentriert, leichter verschleiern. Ganz offenbar ging es der Bundesregierung als Berichterstatterin weniger darum, die bestehenden Eigentums-, Vermögens- und Einkommensverhältnisse möglichst präzise zu erfassen, als darum, sie zu rechtfertigen. Um eine große nationale Debatte über die Kluft zwischen Arm und Reich in Gang zu setzen und politische Gegenmaßnahmen zu ergreifen, hätte der Regierungsbericht

45 Vgl. Bundesministerium für Arbeit und Soziales (Hg.), Lebenslagen in Deutschland. Der Fünfte Armuts- und Reichtumsbericht der Bundesregierung, Bericht, Bonn, April 2017, S. 577

46 Vgl. ebd., S. 136 ff.

einräumen müssen, dass die soziale Spaltung aus den ökonomischen Machtverhältnissen und Fehlentscheidungen der politisch Verantwortlichen resultierte.

Zwar befasste sich der 5. Armuts- und Reichtumsbericht ausführlich mit der Kinderarmut. Auch er war aber nicht frei von einer Verharmlosung der Finanznöte vieler Familien. Als typisch dafür kann die folgende, auf das EU-Konzept der materiellen Deprivation gestützte Feststellung in den ersten beiden Entwürfen gelten: »Nur wenige Kinder in Deutschland leiden unter materiellen Entbehrungen.«[47] In der Endfassung wurde vor den letzten beiden Wörtern noch »erheblichen« eingefügt,[48] was die Aussage korrekter, jedoch keineswegs plausibel machte. Denn mittlerweile bezogen über 2 Mio. Kinder unter 18 Jahren entweder Arbeitslosengeld II oder das im Volksmund ebenfalls »Hartz IV« genannte Sozialgeld. Lebensmitteltafeln versorgten nach eigenen Angaben regelmäßig ca. 1,5 Mio. Menschen mit Essen, von denen sich ungefähr ein Drittel im Kindesalter befanden.

Litten diese Minderjährigen etwa nicht unter erheblichen materiellen Entbehrungen, oder waren 500.000 tatsächlich »wenige«, wie der Regierungsbericht suggerierte? Darin wurde der Eindruck erweckt, als habe man die Kinderarmut seit Einführung des »Bildungs- und Teilhabepaketes« zum 1. Januar 2011 im Griff: »Durch das Bildungs- und Teilhabepaket (Volumen im Jahr 2015: 569,5 Millionen Euro) wird das spezifische sozio-kulturelle Existenzminimum von hilfebedürftigen Kindern, Jugendlichen und jungen Erwachsenen in der Sozial-

---

47 Lebenslagen in Deutschland. (1.) Entwurf des Fünften Armuts- und Reichtumsberichts der Bundesregierung, 5.10.2016, S. 250; Lebenslagen in Deutschland. (2.) Entwurf des Fünften Armuts- und Reichtumsberichts der Bundesregierung, 12.12.2016, S. 242

48 Siehe Bundesministerium für Arbeit und Soziales (Hg.), Lebenslagen in Deutschland. Der Fünfte Armuts- und Reichtumsbericht der Bundesregierung, Bericht, a. a. O., S. XXI

hilfe und der Grundsicherung für Arbeitsuchende, für Familien mit Bezug von Kinderzuschlag oder Wohngeld und nach dem Asylbewerberleistungsgesetz gesichert.«[49] Obwohl die Leistungen des Bildungs- und Teilhabepaketes in einem ausgesprochen komplizierten Verfahren beantragt werden mussten, was viele eigentlich anspruchsberechtigte Eltern davon abhielt, darauf zuzugreifen, höchstens den Wert von 250 Euro pro Jahr erreichten und seit sechs Jahren nicht angehoben worden waren, wollte die Bundesregierung sie nicht an die gestiegenen Preise anpassen, sondern nur seine Bekanntheit erhöhen und »prüfen, ob bürokratische Hürden bestehen und abgebaut werden können.«[50]

CDU, CSU und SPD nahmen das Problem der Kinderarmut weiterhin nicht ernst. So hatten sie zwar den Regelbedarf von Arbeitslosengeld-II-Bezieher(inne)n sowie Schulkindern und Jugendlichen im Hartz-IV-Bezug zum Jahresbeginn 2017 leicht erhöht, die Kinder unter sechs Jahren jedoch leer ausgehen lassen. Ab 1. Juli desselben Jahres entfristete die Große Koalition den staatlichen Unterhaltsvorschuss hinsichtlich seiner maximalen Bezugsdauer und setzte die Altersbegrenzung von zwölf auf 18 Jahre herauf. Vielen alleinerziehenden Müttern im Arbeitslosengeld-II-Bezug nützen diese Verbesserungen aber nichts, weil die ihnen länger gezahlten Leistungen auf Hartz IV angerechnet werden.

Als bloßes Wahrnehmungsproblem verharmlost wurde das seit Jahren deutlich steigende Risiko der *Alters*armut. Obwohl die Gruppe der Menschen ab 65 Jahren »durchschnittlich etwas seltener armutsgefährdet als die Gesamtbevölkerung« und »die materielle Versorgung der heute Über-64-Jährigen sogar insgesamt sehr günstig« sei,[51] hätten viele Bürgerinnen und Bürger – meist zu Unrecht, wurde unterstellt – Angst vor eigener Armut

49 Ebd., S. XXII

50 Siehe ebd., S. XXIII

51 Ebd., S. XXIX

im Alter. Da sich die Zahl der Grundsicherungsbezieher/innen am Jahresende 2015 »nur leicht« auf 536.121 Personen erhöht hatte, lag auch die Mindestsicherungsquote der Senior(inn)en weit unter der jüngerer Altersgruppen, wie die Bundesregierung beruhigt feststellte.[52]

Eine altersgruppen- und geschlechterspezifische Datenauswertung hätte zweifellos ergeben, dass die Armutsbetroffenheit alleinlebender Greisinnen weit über dem Bevölkerungsdurchschnitt lag, aber auch, dass die Armuts(risiko)quote und der Transferleistungsbezug seit Jahren in keiner Altersgruppe so stark wuchsen wie unter den Senior(inn)en. Nichts davon erfuhr der Leser des Regierungsberichts. Vielmehr sprach dieser vom Risiko der »Altersarmut« oft in Anführungszeichen, obwohl von weit mehr als einer Million Ruheständler(inne)n auszugehen war, die seinerzeit mit 799 Euro pro Monat oder weniger auf bzw. unter dem Hartz-IV-Niveau lebten. Mehr als eine Million Menschen über 64 Jahren hatten am Ende des Jahres 2016 einen Minijob, mit dessen Lohn von maximal 450 Euro im Monat die meisten ihre kleine Rente aufgestockt haben dürften; über 221.000 davon waren 75 Jahre oder älter.

Tabellen und Schaubilder enthielt der 5. Armuts- und Reichtumsbericht in großer Fülle. Erstere dokumentierten z. B. die Entwicklung der Brutto- und Nettolöhne sowie der Brutto- und Nettogehälter, aber auch die in Beratungsstellen beratenen Personen nach Lebensform sowie das Volumen der von den Finanzverwaltungen veranlagten Vermögensübertragungen aus Erbschaften, Vermächtnissen und Schenkungen in Mrd. Euro. Letztere stellten die Entwicklung der Langzeitarbeitslosigkeit im Zehnjahresvergleich ebenso dar wie die Entwicklung des Bruttoinlandsprodukts, aber auch die preisliche Wettbewerbsfähigkeit der deutschen Wirtschaft von 1972 bis 2016 und die zehn Berufsgruppen mit hohen und geringen Fehlzeiten je

52 Siehe ebd., S. 436

AOK-Mitglied. Teilweise glich der 5. Armuts- und Reichtumsbericht einem riesigen Datenfriedhof, weil ihn die Bundesregierung wie sämtliche Berichte dieser Art benutzte, um dem (Wahl-)Volk ihre Politik als Erfolgsgeschichte zu verkaufen.

Durch den nahenden Bundestagswahlkampf gewann das Ringen der beteiligten Ressorts um ihnen genehme Formulierungen erheblich an politischer Brisanz. So dauerte es denn auch noch einmal mehr als zweieinhalb Monate, bis sich die Union nach massivem Drängen beider Oppositionsfraktionen bereitfand, den 5. Armuts- und Reichtumsbericht im Bundestag diskutieren zu lassen. Dies geschah erst kurz vor Beginn der parlamentarischen Sommerpause, und zwar in einem fast leeren Plenarsaal. CDU und CSU (mit Ausnahme der Sozialausschüsse) hätten am liebsten zum ersten Mal seit 2001 auf eine Aussprache zum Regierungsbericht verzichtet, so peinlich waren ihnen offenbar die Ergebnisse zur Verteilungsschieflage in Deutschland und die hinter den Kulissen der Ministerialbürokratie ausgetragenen Konflikte innerhalb der Großen Koalition um das Dokument.

2.6 Corona, Armut und Reichtum im 6. Bericht

Wegen der Covid-19-Pandemie, die Deutschland im Februar/März 2020 erreichte, wurde die Fertigstellung des 6. Armuts- und Reichtumsberichts der Bundesregierung um ein Jahr nach hinten verschoben. An mehreren Stellen des Dokuments, das die Bundesregierung am 12. Mai 2021 verabschiedete, fanden sich Bemerkungen zu den Verteilungswirkungen der Pandemie, des durch sie hervorgerufenen Krisendebakels und der »Sozialschutz«-Maßnahmen von CDU, CSU und SPD. Welche langfristigen Folgen die Pandemie auf die Einkommensverteilung zeitigen wird, sei aber nicht vorhersagbar, hieß es: »Die umfangreichen Maßnahmen der Bundesregierung zur Stützung der Einkommen dürften aber negative Effekte gemindert haben.«[53] Simulationsrechnungen hätten eine ungleichheitsmindernde Wirkung der Maßnahmen ergeben, insbesondere hinsichtlich des Kinderbonus, d. h. der Auszahlung von 300 Euro pro Kind im September/Oktober 2020 und von noch einmal 150 Euro im Mai 2021.

Das sozialpolitische Zwischenzeugnis, welches sich die Bundesregierung selbst ausstellte, fiel positiv aus, obwohl das Ergebnis weniger überzeugte: »Sozialschutzpakete und weitere Unterstützungsmaßnahmen haben verhindert, dass es zu sozialen Verwerfungen gekommen ist. Arbeitslosigkeit konnte mittels Kurzarbeit weitgehend verhindert werden. Die sozialen Sicherungssysteme haben ihre stabilisierenden Aufgaben erfüllt und konnten durch die enge Abstimmung mit den Sozialpartnern schnell und zielgerichtet angepasst werden.«[54] Zwar hat sich der Wohlfahrtsstaat als »systemrelevant« erwiesen, seine Defizite, Schwachstellen und Strukturmängel sind in der pandemischen Ausnahmesituation aber gleichfalls offen zutage getreten. Dem sozioökonomischen Polarisierungseffekt, den die hauptsächlich der Wirtschaft zugutekommenden Finanzhilfen des Bundes nur geringfügig abgemildert und teilweise sogar verstärkt haben,[55] wurde im Regierungsbericht aus naheliegenden Gründen keine Aufmerksamkeit geschenkt. Dabei gab es genügend Belege dafür, dass die Kluft zwischen Arm und Reich während der Pandemie nicht bloß wie unter einem Brennglas klarer erkennbar geworden ist, sondern sich auch weiter vertieft hat.

Dieter Schwarz, als Eigentümer von Lidl und Kaufland der reichste Deutsche, hatte sein Privatvermögen, das die *Welt am*

53 Bundesministerium für Arbeit und Soziales (Hg.), Lebenslagen in Deutschland. Der Sechste Armuts- und Reichtumsbericht der Bundesregierung, Bericht, Bonn, Mai 2021, S. I f.

54 Ebd., S. II

55 Vgl. hierzu: Christoph Butterwegge, Ungleichheit in der Klassengesellschaft, 2. Aufl. Köln 2021, S. 148 ff.

Sonntag (20.9.2020) auf 41,8 Mrd. Euro taxierte, allein in den vergangenen zwei Jahren laut dem US-amerikanischen Wirtschaftsmagazin *Forbes* um 14,2 Mrd. Dollar gesteigert. Für die Aldi-Erben Beate Heister und Karl Albrecht junior ergab sich immerhin ein Zugewinn von 6,4 Mrd. Dollar, wie Johannes Pennekamp unter dem Titel »Die Reichsten werden noch reicher« in der *FAZ* (25.1.2021) berichtete.

Obwohl dem Reichtum im Rahmen des Berichts mehr Aufmerksamkeit als früher zuteilwurde, kamen diese Multimilliardäre ebenso wenig darin vor wie Konzerne, ihre Eigentümer, BlackRock oder andere Finanzkonglomerate. Fragwürdig war auch, dass der *Einkommens*reichtum diesmal bei einem monatlichen Nettoeinkommen von 3.894 Euro (Reichtumsschwelle des zweifachen Medianeinkommens auf Basis des Sozio-oekonomischen Panels 2017) und *Vermögens*reichtum bei einem Nettovermögen von 500.000 Euro (in Preisen von 2017) beginnen sollte.

Zwar ging aus dem 6. Armuts- und Reichtumsbericht hervor, dass die Einkommen und vor allem die Vermögen in Deutschland ungleich verteilt waren. Behauptet wurde indes, die Ungleichheit (der Einkommen), die sich bis etwa zum Jahr 2005 verschärft habe, sei fortan »relativ stabil« geblieben.[56] Damit übernahm man ein vom Institut der deutschen Wirtschaft (IW) lanciertes Narrativ, wonach die soziale Ungleichheit nur bis 2005 gestiegen ist, seither aber nicht mehr zugenommen hat. Am 1. Januar des genannten Jahres ist Hartz IV in Kraft getreten und der Spitzensteuersatz in der Einkommensteuer mit 42 Prozent auf seinen niedrigsten Stand seit 1949 gesunken; zudem übernahmen CDU und CSU am 22. November 2005 in der ersten Großen Koalition unter Angela Merkel wieder die Regierungsführung – ein Schelm, wer Böses dabei denkt, dass

56 Siehe Bundesministerium für Arbeit und Soziales (Hg.), Lebenslagen in Deutschland. Der Sechste Armuts- und Reichtumsbericht der Bundesregierung, Bericht, a. a. O., S. 49

sich die Kluft zwischen Arm und Reich ausgerechnet von nun an nicht mehr vertieft haben soll!

Eine hohe Vermögenskonzentration räumte das Regierungsdokument durchaus ein, es verschleierte jedoch gleichzeitig ihr wachsendes Ausmaß. So hieß es, die Vermögensungleichheit sei zwar ab 2008 leicht gesunken, habe sich 2018 aber »weiterhin auf einem hohen Niveau« befunden.[57] Den vermeintlichen Rückgang der Ungleichheit führte die Bundesregierung insbesondere auf steigende Einkommen und eine wachsende Bedeutung der Immobilienvermögen zurück. Anstiege der nominalen Einkommen hätten fast über die gesamte Breite der Verteilung zu höheren Vermögen geführt, wovon die Mitte der Verteilung am meisten profitiert habe. Zu diesem Ergebnis gelangte man, weil der Anteil des Immobilienvermögens mit 70 Prozent extrem hoch veranschlagt wurde. Hierbei hatte man das Betriebsvermögen allerdings entweder unberücksichtigt gelassen oder seinen Wert völlig unterschätzt.

Was die Vermögensverteilung betrifft, nannte der Regierungsbericht einen Gini-Koeffizienten von etwa 0,71 in Bezug auf die Nettovermögen *der Haushalte* bzw. von etwa 0,78 bei den *individuellen* Nettovermögen im letzten verfügbaren Jahr. (Zur Verdeutlichung: Das von dem italienischen Statistiker Corrado Gini entwickelte Ungleichheitsmaß beträgt 0, wenn alle Personen gleich viel oder gleich wenig haben, und 1, wenn einer Person alles gehört.) Weiter hieß es, dass die Haushalte in der oberen Hälfte der Verteilung etwa 97,5 Prozent, die Personen in der oberen Hälfte der Verteilung sogar etwa 99,5 Prozent des Gesamtvermögens besäßen: »Die 10 Prozent der Bevölkerung mit den geringsten Vermögen hatten ein negatives Vermögen, also mehr Schulden als Vermögensbestände, weitere Teile der Bevölkerung hatten kein Vermögen, aber auch keine Schulden. Erst im dritten bzw. vierten Dezil fingen positive Vermögensbestände

57 Siehe ebd., S. XVII

an. Ausgehend von den Werten in den frühen 2000er Jahren hat zunächst ein Anstieg der Vermögensungleichheit stattgefunden, der sich in der Dekade nach 2010 nicht fortgesetzt hat.«[58] Zwei Datenquellen (EVS und SOEP) ergäben zuletzt sogar einen leicht rückläufigen Gini-Koeffizienten.

Diese Feststellung musste umso mehr überraschen, als die DIW-Verteilungsforscher Carsten Schröder, Charlotte Bartels, Konstantin Göbler, Markus M. Grabka und Johannes König ausgerechnet im Rahmen eines Forschungsprojekts für den 6. Armuts- und Reichtumsbericht frühere Untersuchungsergebnisse des Deutschen Instituts für Wirtschaftsforschung unter Heranziehung einer Spezialstichprobe des SOEP korrigiert, aktualisiert und erschreckendere Resultate präsentiert hatten. Demnach entfielen nämlich 67,3 Prozent des Nettogesamtvermögens auf das oberste Zehntel der Verteilung, 35,3 Prozent des Nettogesamtvermögens konzentrierten sich beim reichsten Prozent der Bevölkerung und das reichste Promille kam immer noch auf 20,4 Prozent des Nettogesamtvermögens.[59] Selbst unter den Vermögenden ballt sich der Reichtum also bei wenigen Personen an der Spitze zusammen. Aufgrund der neuen Untersuchungsmethode stieg der im Regierungsbericht erwähnte, auf Basis regulärer SOEP-Daten berechnete Gini-Koeffizient von 0,78 auf 0,83, was fast dem US-amerikanischen Vergleichswert entsprach, der üblicherweise mit 0,85 bis 0,87 angegeben wird.

Anstelle der Betrachtung von Lebens*phasen*, die zuletzt im Zentrum der Armuts- und Reichtumsberichte stand und soziale Ungleichheit auf der Ebene biografischer Stationen (Kindheit, Jugend, Erwerbsphase und Ruhestand) erfasste, wodurch man

58 Ebd., S. 49

59 Vgl. Carsten Schröder u. a., MillionärInnen unter dem Mikroskop: Datenlücke bei sehr hohen Vermögen geschlossen – Konzentration höher als bisher ausgewiesen, in: DIW Wochenbericht 29/2020, S. 517

das Problem individualisierte und Alterseffekte verabsolutierte, war diesmal eine mehrdimensionale Längsschnittbetrachtung in Fünfjahresschritten getreten, welche soziale bzw. Lebens*lagen* in den Mittelpunkt rückte. Auf der Basis eines Forschungsprojekts der Universität Bremen wurde eine Typologie der sozialen Lagen gebildet, die Einkommen, Vermögen, Erwerbsintegration und Wohnraumversorgung als Dimensionen umfassen. In eine Rangordnung gebracht ergaben sich acht Soziallagen, von »Armut« und »Prekarität« am unteren Ende über »Armut – Mitte«, »Untere Mitte«, »Mitte«, »Wohlhabenheit – Mitte« bis zu »Wohlstand« und »Wohlhabenheit« an der Spitze. Mit den beiden zuletzt genannten Kategorien traf man allerdings nicht bloß eine gekünstelt wirkende und sprachlich wenig überzeugende Unterscheidung, sondern ließ auch den Begriff »Reichtum« – zusammen mit der Armut eigentlich Kern der Berichterstattung – gänzlich verschwinden.

Begründet wurde die Wahl der Bezeichnung »Wohlhabenheit« damit, dass Reichtum zwar das Pendant zu Armut darstelle, die genannte Soziallage allerdings die Bereiche des wirklichen Reichtums, der durch sehr hohe Vermögen geprägt sei, kaum umfasse. Trotzdem bilden die Prozentanteile der Bevölkerung, die man den acht Soziallagen zurechnete, in der Summe genau 100 Prozent. Für den Reichtum bleiben nicht einmal 0,1 Prozent der Bevölkerung übrig, denen laut DIW über ein Fünftel des Nettogesamtvermögens gehören. Diese mächtige Gruppe der Hyperreichen war aufgrund der zweifelhaften Kategorienbildung im 6. Armuts- und Reichtumsbericht für die Bundesregierung offenbar gar nicht mehr existent.

Weil die soziale Aufwärtsmobilität zuletzt nachgelassen hatte, wie das Regierungsdokument bestätigte, drang die Armut immer stärker zur Mitte der Gesellschaft vor und verfestigte sich, was aber nicht weiter skandalisiert wurde, wenn es hieß: »In den oberen sozialen Lagen herrscht große Stabilität, Personen aus den mittleren Lagen gelingt es vielfach weiterhin, aufzusteigen, für Personen aus den unteren sozialen Lagen sind die Aufstiegschancen seit den 1980er Jahren kontinuierlich gesunken. Im Fall der Zugehörigkeit zu der im Forschungsvorhaben als ›Armut‹ bezeichneten Lage ist die Wahrscheinlichkeit, ihr auch in der nächsten Fünfjahresperiode noch anzugehören, seit Ende der 1980er Jahre von 40 Prozent auf 70 Prozent angestiegen.«[60]

Hier lag wohl das größte Manko des 6. Armuts- und Reichtumsberichts wie aller seiner Vorgänger: Er blieb rein deskriptiv und ließ analytische Tiefenschärfe vermissen. Nach den sozioökonomischen und politischen *Entstehungsursachen* der ausführlich beschriebenen Verteilungsschieflage wurde erneut nicht gefragt. Die gesellschaftlichen Determinanten sozialer Auf- und Abstiege blieben im Dunkeln, weil die bestehenden Eigentums-, Macht- und Herrschaftsverhältnisse nicht hinterfragt wurden.

Armuts- und Reichtumsberichte könnten eine gute Basis für die Wirtschafts-, Sozial- und Finanzpolitik der Bundesregierung sein, wenn sie die »Lebenslagen in Deutschland« kritisch analysieren, die gesellschaftlichen Ursachen für wachsende Ungleichheit ergründen und daraus entsprechende Handlungsempfehlungen ableiten würden. Stattdessen wird die gesellschaftliche Realität verdrängt, die Armut eher verharmlost und die Konzentration des Reichtums weitgehend verschleiert. Obwohl der 6. Armuts- und Reichtumsbericht nicht ganz so blauäugig ausfiel wie frühere Dokumente seiner Art und der Reichtum weniger stiefmütterlich als in den Vorgängerberichten behandelt wurde, wuchs das Problem der sozioökonomischen Ungleichheit, ohne dass die Bundesregierung hieraus Konsequenzen gezogen hätte. Resümierend kann man ihr ins Stammbuch schreiben: Es fehlt schon längst nicht mehr an statistischen Daten, aber immer noch an politischen Taten.

---

60 Bundesministerium für Arbeit und Soziales (Hg.), Lebenslagen in Deutschland. Der Sechste Armuts- und Reichtumsbericht der Bundesregierung, Bericht, a.a.O., S. XX

3.
Reichtumsförderung statt Armutsbekämpfung: Warum die Regierenden eine unsoziale Politik machen

Seit geraumer Zeit spaltet sich die Gesellschaft und nimmt die soziale Ungleichheit hinsichtlich der Verteilung von Einkommen und Vermögen enorm zu. Unter dem Gesichtspunkt sozialer Gerechtigkeit könnte der Skandal kaum größer sein: Da bezog die reichste Unternehmerfamilie des Landes, die Familie Quandt/Klatten, im Mai 2018 für das Vorjahr eine Rekorddividende in Höhe von 1,126 Mrd. Euro (anders geschrieben: 1.126. 000.000 Euro) nur aus ihren BMW-Aktien, wohingegen mehrere hunderttausend alleinerziehende Mütter im Arbeitslosengeld-II-Bezug kaum wussten, wie sie am 20. des Monats noch etwas Warmes für ihre Kinder auf den Tisch bringen sollten.

Trotzdem hört man im Kampf gegen die Armut von den etablierten Parteien und regierenden Politikern kaum mehr als Lippenbekenntnisse. Daher lautet die politische Kardinalfrage im Kampf gegen Armut und soziale Ausgrenzung: Weshalb beschäftigt sich die Öffentlichkeit der Bundesrepublik, handle es sich nun um Parteien, Massenmedien oder Wissenschaftler, kaum mit der Zerklüftung unserer Gesellschaft, und warum tun die regierenden Politiker so wenig gegen die Armut? Wieso erkennen sie nicht bzw. ignorieren, welche verheerenden Folgen die soziale Polarisierung für den gesellschaftlichen Zusammenhalt hat? Dafür gibt es zahlreiche Gründe, von denen einige im Folgenden erörtert werden sollen.

3.1 Systemgrenzen der Armutsbekämpfung: Kapitalismus und Neoliberalismus

Die soziale Ungleichheit ist aufgrund des bei Unternehmern konzentrierten Privateigentums an Produktionsmitteln und der weitgehenden Mittellosigkeit vieler »Arbeitskraftbesitzer« für kapitalistische Industriegesellschaften konstitutiv. Als ein dialektisches Gegensatzpaar bedingen sich Armut und Reichtum im Kapitalismus wechselseitig, sind also systembedingt. Beide erscheinen unverzichtbar für dieses Wirtschafts- und Gesellschaftssystem: Armut ist eine Drohkulisse, ein Druckmittel und ein Disziplinierungsinstrument gegenüber Menschen, die sich den Marktmechanismen entziehen und der Konkurrenz nicht unterwerfen, während Reichtum als Lockmittel und Belohnung für die von den Wirtschaftssubjekten geforderte Leistungsbereitschaft wirkt.

Armut ist funktional, d. h. für die Aufrechterhaltung der bestehenden Macht- und Herrschaftsverhältnisse erforderlich, diszipliniert sie doch unmittelbar Betroffene, Erwerbslose und Beschäftigte gleichermaßen. Die (Angst vor der) Armut ist ausgesprochen nützlich für den Fortbestand des Kapitalismus. Sie zwingt davon Betroffene, mehr zu leisten, und zeigt besser Situierten, was ihnen droht, wenn sie die Regeln der kapitalistischen Hochleistungs- und Konkurrenzgesellschaft nicht befolgen. Dies bedeutet jedoch weder, dass Armut immer von jedem einzelnen politisch Verantwortlichen gewollt, noch gar, dass sie für das bestehende Wirtschafts- und Gesellschaftssystem ungefährlich ist: Wenn es zu größeren sozialen Verwerfungen kommt, steigt die Gefahr, dass Drogenmissbrauch, (Gewalt-)Kriminalität und Brutalität zunehmen.

Schließlich hatte schon Georg Wilhelm Friedrich Hegel in seiner »Rechtsphilosophie« konstatiert, dass die bürgerliche Gesellschaft nie reich genug sein werde, um »dem Übermaße der

Armut und der Erzeugung des Pöbels zu steuern.«[1] Armut entsteht nicht trotz, sondern durch Reichtum. Bertolt Brecht hat es 1934 in einem Kindergedicht folgendermaßen ausgedrückt: »Armer Mann und reicher Mann / standen da und sah'n sich an. / Und der Arme sagte bleich: / Wär' ich nicht arm, wärst du nicht reich.« Wenn zahllose Geringverdiener/innen unter dem Druck einer Finanzkrise oder einer Pandemie ihre Girokonten überziehen und hohe Dispozinsen zahlen müssen, werden diejenigen noch reicher, denen die Banken gehören. Und wenn noch mehr Familien aus demselben Grund beim Lebensmittel-Discounter einkaufen, werden die Eigentümer solcher Ketten wie Aldi oder Lidl, die ohnehin zu den vermögendsten Deutschen gehören, noch reicher.

Armut kann im Rahmen der bestehenden Gesellschaftsordnung nicht durch einen sich vermehrenden Reichtum beseitigt werden. Genau das verspricht aber der Neoliberalismus,[2] und vor allem die Begüterten glauben es natürlich gern. Als neoliberal bezeichnet man eine Wirtschaftstheorie, die den Markt glorifiziert und zu einer Sozialphilosophie, ja zu einer politischen Zivilreligion geworden ist, die alle Poren der Gesellschaft durchdringt. Durch die globale Finanzkrise 2008/09 geriet der Neoliberalismus zwar in eine Legitimationskrise, seine Hegemonie, d. h. die öffentliche Meinungsführerschaft hat er dadurch aber nicht eingebüßt.[3] Nach der neoliberalen Trickle-down-Theorie, die auch als »Pferdeäpfel-Ideologie« bekannt ist, muss man, um den Spatzen etwas Gutes zu tun, die Vierbeiner mit dem besten Hafer füttern, damit die Vögel

1 Siehe Georg Wilhelm Friedrich Hegel, Grundlinien der Philosophie des Rechts, in: ders., Werke, Bd. 7, Frankfurt am Main 1970, S. 390 (§ 245)

2 Vgl. hierzu und zum Folgenden: Christoph Butterwegge / Bettina Lösch / Ralf Ptak, Kritik des Neoliberalismus, 3. Aufl. Wiesbaden 2017

3 Vgl. dazu: Colin Crouch, Das befremdliche Überleben des Neoliberalismus, Berlin 2011

dessen Körner aus deren Kot herauspicken können. Selbstverständlich wäre den Haussperlingen mehr geholfen, wenn man sie direkt füttern würde.

Weshalb heben Parlament und Regierung die Regelsätze der Sozialtransfers nicht stärker an, um Erwerbslosen und ihren Familien, Kindern und Senioren ein Leben in Würde zu ermöglichen? Würden die Transferleistungen steigen, wäre mit dem »Lohnabstandsgebot« eine offiziöse Leitlinie der Regierungspolitik verletzt und die Konkurrenzfähigkeit des »eigenen« Wirtschaftsstandortes gefährdet. Reichtumsförderung statt Armutsbekämpfung – so lautet denn auch das Programm sämtlicher Koalitionen auf Bundesebene, die eine Regierungspolitik nach dem Matthäus-Prinzip machen: »Wer hat, dem wird gegeben, und wer nicht viel hat, dem wird auch das noch genommen«, heißt es sinngemäß im Evangelium des Matthäus.

Im digitalen Finanzmarktkapitalismus besteht der Klassenantagonismus von Kapital und Arbeit fort, der nicht darauf beschränkte Gegensatz von Arm und Reich verschärft sich allerdings erheblich, tritt deutlicher als in früheren Entwicklungsphasen der bürgerlichen Gesellschaft zutage und überlagert ihn. Umso mehr müssen Armut, sofern sie weder auf Einzelfälle beschränkt ist noch ein persönliches Versagen der davon Betroffenen unterstellt werden kann, wie Reichtum, der ein vernünftiges Maß übersteigt, in einer parlamentarischen Demokratie öffentlich gerechtfertigt werden. Dies geschieht primär über das meritokratische Prinzip, wonach es Leistungsträgern in der Sozialen Marktwirtschaft bessergehen soll und bessergeht als weniger Leistungsfähigen oder gar »Leistungsverweigerern«, »Faulenzern« und »Sozialschmarotzern«.

Dass es sich hierbei um einen Mythos ohne den geringsten Realitätsbezug handelt, spüren immer mehr Bürger/innen. Ihnen bleibt nicht verborgen, dass sich die sog. Leistungseliten auf geradezu inzestuöse Weise aus ihrem eigenen Herkunftsmilieu reproduzieren und eine »geschlossene Gesellschaft« in der fragmentierten Gesamtgesellschaft bilden.[4] Gleichzeitig vertreten diese ihre Interessen heute auch sehr viel massiver und rücksichtsloser als in der »alten« Bundesrepublik, weil sich seither die Kräfteverhältnisse zwischen Kapital und Arbeit spürbar zu ihren Gunsten geändert und durch den Aufstieg des Neoliberalismus ideologische Deutungsmuster an Bedeutung gewonnen haben, die ihre materiellen Privilegien legitimieren.

Eine wichtige Rolle spielt die Transformation des Gerechtigkeitsempfindens eines Großteils der Bevölkerung durch den Neoliberalismus.[5] Standen früher die Bedarfs- und die Verteilungsgerechtigkeit als für einen Sozialstaat konstitutive Orientierungsmarken im Mittelpunkt der Diskussion, bestimmen heute fragwürdige Termini wie »Leistungsgerechtigkeit«, »Teilhabegerechtigkeit«, »Chancengerechtigkeit« und »Generationengerechtigkeit« die öffentliche Debatte. Als politische Kampfbegriffe des Neoliberalismus tragen sie dazu bei, dass soziale Ungleichheit von der Bevölkerungsmehrheit akzeptiert wird. In der neoliberalen Weltsicht erscheint Armut folglich nicht als gesellschaftliches Problem, vielmehr als selbst verschuldetes Schicksal, das im Grunde eine gerechte Strafe für den fehlenden Willen oder die Unfähigkeit darstellt, sich bzw. seine Arbeitskraft auf dem Markt mit ausreichendem Erlös zu verkaufen, wie der Reichtum umgekehrt als angemessene Belohnung für eine Leistung betrachtet wird, die im Falle eines Börsenspekulanten auch ganz schlicht darin bestehen kann, den guten Tipp eines Anlageberaters zu befolgen.

Galt die soziale Ungleichheit früher als gottgegeben, wird sie aufgrund der neoliberalen Hegemonie entweder legitimiert,

---

4 Vgl. dazu: Michael Hartmann, Der Mythos von Leistungseliten. Spitzenkarrieren und soziale Herkunft in Wirtschaft, Politik, Justiz und Wissenschaft, Frankfurt am Main / New York 2002

5 Vgl. hierzu: Christoph Butterwegge, Rechtfertigung, Diskursstrategien und Folgen einer neoliberalen (Sozial-)Politik, in: ders. / Bettina Lösch / Ralf Ptak, Kritik des Neoliberalismus, a. a. O., S. 140 ff.

indem man sie zur notwendigen Voraussetzung eines produktiven Wirtschafts- und Gesellschaftssystems bzw. zu einer Triebkraft des wissenschaftlich-technischen Erkenntnisfortschritts hochstilisiert, oder sie wird naturalisiert, d. h. als zwangsläufiges Resultat einer unterschiedlichen Intelligenz bzw. genetischen Ausstattung der Individuen hingestellt.

3.2 Die doppelte Ausgrenzung der Armen: Resignation, Rückzug und geringere politische Repräsentation

Wenn der Sozialstaat durch eine neoliberale Reformpolitik zerstört und die Gesellschaft in wenige Gewinner und zahllose Verlierer gespalten wird, schwindet bei den Letzteren das Vertrauen in die Institutionen der parlamentarischen Demokratie.[6] Die soziale Spaltung der Gesellschaft zieht fast zwangsläufig eine politische Spaltung nach sich, die als tiefe Krise des parlamentarischen Repräsentativsystems erscheint: Verarmte und von Armut bedrohte Bevölkerungsschichten wie (Langzeit-)Erwerbslose, Transferleistungsbezieher/innen und prekär Beschäftigte beteiligen sich kaum noch an demokratischen Willensbildungs- und Entscheidungsprozessen, gehen beispielsweise nur selten oder gar nicht mehr zu Wahlen, wohingegen die politische Partizipation der Wohlhabenden, Reichen und Hyperreichen ungebrochen ist.

Mit der sozialen Ungleichheit wächst also die politische Ungleichheit, von der die Öffentlichkeit aber noch weniger Kenntnis nimmt als von Ersterer. Bei der Bundestagswahl im September 2013 prägte sich die soziale Schieflage bei der Wahlabstinenz deutlich aus: In mehreren deutschen Großstädten betrug die Differenz zwischen sozial benachteiligten und Nobelvierteln über 40 Prozent. So betrug die Wahlbeteiligung bei der Bundestagswahl

6 Vgl. dazu: Armin Schäfer, Der Verlust politischer Gleichheit. Warum die sinkende Wahlbeteiligung der Demokratie schadet, Frankfurt am Main / New York 2015

in der Trabantenstadt Köln-Chorweiler nur 42,5 Prozent, während sie in Köln-Hahnwald, einem Luxusquartier, 88,7 Prozent erreichte. Bei der Bundestagswahl am 24. September 2017 lag die Beteiligung in einer Hochhaussiedlung am Kölnberg (Stadtteil Meschenich) bei 24,3 Prozent und in Chorweiler bei 45,8 Prozent, während in Hahnwald knapp 88,5 Prozent der Wahlberechtigten ihre Stimme abgaben. Immer mehr Arbeitslose und Arme verweigern sich dem Wahlakt aufgrund der verständlichen Überzeugung, mit ihrer Stimmabgabe wenig bewirken und nichts bewegen zu können. Schließlich haben die etablierten Parteien ihre existenziellen Probleme in allen Regierungskonstellationen der vergangenen Jahrzehnte mehr oder weniger ignoriert.

»Wahlmüdigkeit« ist genauso wie »Politikverdrossenheit« ein irreführender Begriff, um die Reaktion der Betroffenen zu charakterisieren, denn beide schieben die Schuld den angeblich davon Befallenen zu, statt sie im politischen, Wirtschafts- und Gesellschaftssystem zu suchen. In Wirklichkeit handelt es sich um eine politische Repräsentationskrise, was daraus hervorgeht, dass die zunehmende Wahlabstinenz sich nicht gleichmäßig über alle Schichten verteilt, sondern vorwiegend die Konsequenz einer prekären Existenz ist.

Arme sind – wenn man so will – Fremde im eigenen Land, werden sie doch häufig nicht bloß sozial ausgegrenzt, sondern auch politisch ins Abseits gedrängt. Wie den meisten Zuwanderern bleibt einheimischen Transferleistungsbezieher(inne)n eine politische Repräsentation, die den Namen verdient, in aller Regel verwehrt. Auch fehlt es ihnen aufgrund des Ressourcenmangels an wirksamen Partizipationsmöglichkeiten. Sie kommen bei der gesellschaftlichen Teilhabe ebenso zu kurz wie bei der Verteilung von materiellen Ressourcen, Finanzmitteln und begehrten Gütern. Insofern kann man durchaus von einer doppelten Ausgrenzung der Armen in Deutschland sprechen.

Zwar gewährt man den Armen heute – anders als im Wilhelminischen Kaiserreich, wo sie noch das preußische Dreiklassenwahlrecht benachteiligte und der Bezug staatlicher Fürsorgeleistungen mit dem Wahlrechtsentzug verbunden war – die vollen Staatsbürgerrechte, enthält ihnen aber die für deren Wahrnehmung erforderlichen finanziellen Mittel vor. Ihre daraus resultierende Neigung, sich nicht mehr (regelmäßig) an Wahlen und Abstimmungen zu beteiligen, stärkt wiederum ausgerechnet jene politischen Kräfte, die um eine Sicherung der Privilegien kapitalkräftiger Interessengruppen bemüht sind. Die etablierten Parteien bemühen sich gar nicht mehr um die Stimmen bzw. die Zustimmung der Unterprivilegierten, Prekarisierten und Pauperisierten, weil sie wissen, dass diese ohnehin nicht zur Wahl gehen. So entsteht ein Teufelskreis sich wechselseitig verstärkender Wahlabstinenz sozial Benachteiligter und einer deren Interessen vernachlässigenden Regierungspraxis, wovon wiederum rechtspopulistische Demagogen profitieren, die sich mit wachsendem Erfolg als Vertreter der »kleinen Leute« ausgeben.

3.3 Die unheimliche Macht der Reichen und Hyperreichen

Wer reich ist, ist meistenteils auch einflussreich. Großer privater Reichtum eröffnet die Möglichkeit, wirtschaftlich und politisch Macht auszuüben, wie Armut umgekehrt bedeutet, ökonomische und soziale Ohnmacht zu erfahren. Großunternehmer, Kapitalanleger, Industriekonzerne, Banken, Versicherungsgesellschaften und ihre Interessenverbände bestimmen maßgeblich die staatliche Politik, also darüber mit, wohin sich die Gesellschaft entwickelt. Parteispenden, Lobbyarbeit und andere Formen der politischen Einflussnahme sorgen für eine Prädominanz mächtiger ökonomischer Interessen.[7] Während

7 Vgl. dazu: Thomas Leif / Rudolf Speth (Hg.), Die fünfte Gewalt. Lobbyismus in Deutschland, Wiesbaden 2006; Ralf Kleinfeld / Annette Zimmer / Ulrich Willems (Hg.), Lobbying. Strukturen – Akteure – Strategien, Wiesbaden 2007; Peter Lösche, Verbände und Lobbyismus in Deutschland, Stuttgart 2007

sich die Fähigkeit der Armen zur Interessenartikulation bzw. ihre Möglichkeit zur politischen Repräsentation auf einem Tiefpunkt befindet, schwindet die Bereitschaft der gesellschaftlichen Eliten zu ihrer materiellen Integration.[8]

Paradoxerweise führt die gesellschaftliche Normalisierung der Armut nicht zur Inkludierung, sondern zu einer Stigmatisierung, Marginalisierung und Kriminalisierung der Armen. Reiche und Hyperreiche möchten den Druck des Sozialstaates auf die Armen, denen pauschal Missbrauchsabsicht unterstellt wird, noch erhöhen, ihrerseits jedoch vom Druck des Steuerstaates befreit werden. Ein wahres Lehrstück erfolgreicher Lobbyarbeit bietet daher die Reform der Erbschaftsteuer für Firmenerben.[9] Selten haben Wirtschaftsvertreter so massiv Einfluss genommen wie bei der vom Bundesverfassungsgericht geforderten gesetzlichen Neuregelung der Erbschaftsteuer für Firmenerben.

Mitglieder deutscher Unternehmerdynastien, die man in Russland, der Ukraine oder Griechenland als Oligarchen bezeichnen würde, können seit 2009 unter bestimmten Voraussetzungen ganze Firmenimperien an ihre Nachfolger übertragen, ohne dass diese dafür Erbschaft- bzw. Schenkungsteuer entrichten müssten. Möglich waren fortan eine »Regelverschonung« von 85 Prozent des Betriebsvermögens, wenn die Lohnsumme fünf Jahre lang halbwegs konstant gehalten wurde, sowie eine »optionale Vollverschonung«, wenn die Lohnsumme sieben Jahre lang etwa gleich hoch blieb.

In seinem Urteil vom 17. Dezember 2014 räumte das Bundesverfassungsgericht dem Gesetzgeber zwar das Recht ein,

---

8 Vgl. Michael Hartmann, Soziale Ungleichheit – kein Thema für die Eliten?, Frankfurt am Main / New York 2013

9 Vgl. hierzu und zum Folgenden ausführlicher: Christoph Butterwegge, Krise und Zukunft des Sozialstaates, 6. Aufl. Wiesbaden 2018, S. 276 ff.; ders., Reichtumsförderung statt Armutsbekämpfung. Eine sozial- und steuerpolitische Halbzeitbilanz der Großen Koalition, Wiesbaden 2016, S. 27 ff.

Betriebsvermögen aus gewichtigen Sach- oder Gemeinwohlgründen gegenüber anderen Vermögensarten zu bevorzugen. Es bemängelte aber die Freistellung der meisten Unternehmen von der Lohnsummenpflicht, die Begünstigung sehr großer Vermögen sowie die Verwaltungsvermögensregelung: Von dem begünstigten Betriebsvermögen durften (im Fall der Regelverschonung) 50 Prozent bzw. (im Fall der Vollverschonung) 10 Prozent aus Verwaltungsvermögen bestehen.

Finanzminister Wolfgang Schäuble legte im Februar 2015 seine Eckwerte zur Neuregelung der Erbschaftsteuer für Unternehmensvermögen vor.[10] Das begünstigte Vermögen sollte nunmehr seinem Hauptzweck nach einer originär land- und forstwirtschaftlichen, gewerblichen oder freiberuflichen Tätigkeit dienen. Waren bisher Betriebe mit 20 oder weniger Beschäftigten von der Lohnsummenpflicht befreit, wollte Schäuble auf die Prüfung der Lohnsumme bei Unternehmen mit einem Wert bis 1 Mio. Euro verzichten. Für die Verschonung des begünstigten Vermögens sollte eine Obergrenze in Höhe von 20 Mio. Euro eingezogen werden. Wenn es diese Freigrenze übersteigt, hätte das Finanzamt im Rahmen einer »individuellen Bedürfnisprüfung« zu ermitteln, ob der Begünstigte die Steuerschuld aus dem mit übertragenen (nichtbetrieblichen) oder dem sonstigen, bereits vorhandenen (Privat-)Vermögen begleichen kann. Zumutbar wäre der Einsatz von 50 Prozent des verfügbaren Vermögens.

Während führende SPD-Politiker diesen Plänen vorbehaltlos zustimmten, lehnten die CSU und der CDU-Wirtschaftsflügel die Bagatellgrenze (1 Mio. Euro), den Schwellenwert für die Verschonungsbedürfnisprüfung (20 Mio. Euro) sowie den Rückgriff auf das Privatvermögen ab. Widerspruch regte

10 Siehe dazu und zum Folgenden: Bundesministerium der Finanzen, Neuregelung der Erbschaftsteuer für Unternehmensvermögen – Eckwerte, 27.2.2015, S. 1 f. (http://taspo.de/fileadmin/user_upload/Eckpunkte_Erbschaftsteuer.pdf; 1.7.2015)

sich auch bei den Ländern. Neben dem CSU-regierten Bayern, das eine Regionalisierung der Erbschaft- und Schenkungsteuer favorisiert, um durch Steuerdumping noch mehr Großunternehmer ins Land locken zu können, wollte auch das grün-rot regierte Baden-Württemberg den Unternehmerfamilien mit einer auf 100 Mio. Euro angehobenen Prüfschwelle weiter entgegenkommen.

Schäuble, der bei den Verhandlungen über Kredite für Griechenland als Hardliner aufgetreten war, knickte im Streit um die Neuregelung der Erbschaft- bzw. Schenkungsteuer rasch ein. Zuerst ließ er die am Unternehmenswert festgemachte Bagatellgrenze fallen und setzte an deren Stelle die Beschränkung auf Betriebe mit höchstens drei Beschäftigten als Obergrenze für die Ausnahme von der Lohnsummenregelung. Unternehmen, die qua Gesellschaftsvertrag oder Satzung für Konzerne typischen Kapitalbindungen unterliegen, billigte Schäuble eine höhere Prüfschwelle von 40 Mio. Euro zu. Schließlich gewährte er den Erwerbern von Großvermögen oberhalb der Prüfschwellen ein Wahlrecht im Hinblick auf die Verschonungsbedarfsprüfung: Wer sein Privatvermögen nicht einsetzen und/oder nicht offenlegen möchte, wird auch nur moderat besteuert.

Auf dem von der Stiftung Familienunternehmen nicht zum ersten Mal mit der Bundeskanzlerin als Gastrednerin veranstalteten »Tag des deutschen Familienunternehmens« am 12. Juni 2015 in Berlin wies Angela Merkel die »werten Familienunternehmer« auf das Struck'sche Gesetz hin, wonach kein Gesetzentwurf unverändert aus dem Bundestag herauskommt, und versprach, »dass wir uns Mühe geben, Regelungen zu finden, die Ihnen helfen.«[11] Der großkoalitionäre Regierungsentwurf, der im Juli 2015 vorlag, machte den Unternehmerfamilien tat-

11 Siehe Rede von Bundeskanzlerin Merkel anlässlich des Tags des deutschen Familienunternehmens am 12. Juni 2015, S. 6 (www.bundesregierung.de/Content/DE/Rede/2015/06/2015-06-15-merkel-familienunternehmen.html; 15.7.2015)

sächlich noch mehr Zugeständnisse. So wurde die Freigrenze, bis zu der keine Verschonungsbedarfsprüfung erfolgt, nochmals auf 26 Mio. Euro (für normale Familienunternehmen) bzw. 52 Mio. Euro (für Familienunternehmen mit Konzernstrukturen) angehoben.

Selbst diese weitreichenden Zugeständnisse der SPD genügten manchen Unternehmerfamilien, der CSU und dem CDU-Wirtschaftsflügel noch immer nicht. Vielmehr kündigte der bayerische Ministerpräsident Horst Seehofer den mühsam gefundenen Kompromiss zwischen den Regierungsparteien im Herbst 2015 wieder auf, blockierte das Gesetzgebungsverfahren und trat mit seinen Koalitionspartnern in Verhandlungen ein, um weitere Steuervergünstigungen für Firmenerben zu erreichen. Dasselbe Prozedere wiederholte sich, als sich die für Finanzpolitik zuständigen Fraktionsspitzen nach weiteren Konzessionen an die CSU im Februar 2016 erneut geeinigt hatten.

Für die bayerische Regierungspartei wurde es offenbar zu einer Prestigefrage, den mit einem goldenen Löffel im Mund geborenen Nachwuchs von Unternehmerfamilien ganz von der Erbschaftsteuer zu befreien. Schließlich hatte Baron August von Finck der CSU vor der Landtagswahl 2008, als die Debatte über Steuererleichterungen für Firmenerben begann, eine Wahlkampfspende in Höhe von 820.000 Euro zukommen lassen.[12] Nur ein Jahr später gelangte dieser Eigentümer des Gastronomiekonzerns Mövenpick durch seine Millionenspende an die FDP zu trauriger Berühmtheit, weil beide so großzügig von ihm alimentierten Parteien gemeinsam mit der CDU die Mehrwertsteuer für Hotelübernachtungen von 19 auf 7 Prozent senkten.

Nach zahlreichen Expertenrunden, Koalitionsgipfeln und Konsensgesprächen der Fraktionsspitzen, bei denen sich CDU,

---

12 Vgl. Christian Rickens, Ganz oben. Wie Deutschlands Millionäre wirklich leben, Köln 2012, S. 183

CSU und SPD nie hatten einigen können, verständigten sich Wolfgang Schäuble sowie die Parteivorsitzenden der beiden anderen Koalitionsparteien, Wirtschaftsminister Sigmar Gabriel und Bayerns Ministerpräsident Horst Seehofer, kurz vor Ablauf der vom Bundesverfassungsgericht gesetzten Frist (30. Juni 2016) auf eine Modifizierung des Gesetzentwurfs. Da die SPD einmal mehr nachgab, hatten die mächtigen Unternehmerfamilien durch massive Einflussnahme ihrer Lobby zusätzliche Erleichterungen für sich erreicht:

1) Waren ursprünglich Betriebe mit bis zu 20 Beschäftigten von der Pflicht befreit, die Lohnsumme halbwegs konstant zu halten, und hatte die Regierung wegen der Kritik des Bundesverfassungsgerichts an dieser Privilegierung von über 95 Prozent aller Firmenerben zuerst eine Bagatellgrenze von drei Beschäftigten eingezogen, nachdem Finanzminister Schäuble in seinen ursprünglichen Eckpunkten sogar nur bei Unternehmen mit einem Wert bis 1 Mio. Euro auf die Prüfung der Lohnsumme verzichten wollte, stieg sie am Ende wieder auf fünf Beschäftigte.
2) Beteiligungen an Holdings in Drittstaaten außerhalb der Europäischen Union bzw. des Europäischen Wirtschaftsraums gehörten nun zum Betriebsvermögen. Dies verdeutlicht hinlänglich, dass es den Lobbyisten und der CSU als ihrem parlamentarischen Arm nicht etwa – wie gebetsmühlenartig behauptet – um die Rettung des kleinen deutschen Handwerkbetriebs »an der nächsten Straßenecke« und den Erhalt seiner Arbeitsplätze ging.
3) Es blieb bei der Unterscheidung zwischen dem begünstigungsfähigen Betriebs- und dem nur eingeschränkt begünstigungsfähigen Verwaltungsvermögen. Wolfgang Schäubles Eckpunkten zufolge wäre nur Vermögen begünstigt worden, das seinem Hauptzweck nach einer originär land- und forstwirtschaftlichen, gewerblichen oder freiberuflichen Tätigkeit dient.

4) Unternehmen wurden aufgrund einer Änderung des *Bewertungsgesetzes* auf dem Papier erheblich »billiger«, was mit dem niedrigen Zinsniveau begründet wird und die Belastung der Firmenerben durch die Erbschaftsteuer erheblich senkt. Die so Begünstigten können gewissermaßen dadurch reich werden, dass ihnen das *Gesetz zur Anpassung des Erbschaftsteuer- und Schenkungsteuergesetzes an die Rechtsprechung des Bundesverfassungsgerichts* erlaubt, sich armzurechnen. Dies gilt auch in Bezug auf den folgenden Punkt.
5) Firmen, die wie Konzerne im Familienbesitz per Satzung oder Gesellschaftervertrag festgelegte Ausschüttungs- und Entnahmerestriktionen, Verfügungsbeschränkungen und Abfindungsregeln kennen, wurden durch einen Vorwegabschlag von 30 Prozent auf den Übertragungswert leichter steuerfrei vererb- oder verschenkbar.
6) Erben großer Betriebsvermögen (ab einem Unternehmenswert von 26 Mio. Euro) können zwischen einer Verschonungsbedarfsprüfung, die das Bundesverfassungsgericht gefordert hatte, und einem Abschmelzmodell, also der Möglichkeit einer mit wachsendem Firmenwert sinkenden Verschonung wählen, ohne das eigene (Privat-)Vermögen offenlegen zu müssen.
7) Eine von der Union in das Gesetz »hineinverhandelte« sog. (Re-)Investitionsklausel erlaubt es Firmenerben, innerhalb von zwei Jahren durch Tätigung geplanter Investitionen Verwaltungs- bzw. Finanzvermögen in begünstigungsfähiges Betriebsvermögen umzuwandeln und der Steuer auf diese Weise zu entziehen.
8) Im Todesfall hätte ein Rechtsanspruch auf eine zinslose Stundung der Erbschaftsteuer für die Dauer von zehn Jahren gegolten.

Die neue Regelung war für Firmenerben in manchen Fällen sogar günstiger als die ursprüngliche, vom Bundesverfassungsgericht aus guten Gründen bemängelte, weil der Unternehmenswert durch Veränderung der Berechnungsart (Verringerung des Kapitalisierungsfaktors, mit dem der Jahresgewinn multipliziert wird, von 17,86 im Jahr 2016 auf 12,5) sank.

Wer gehofft hatte, der Vermittlungsausschuss von Bundestag und Bundesrat würde das zweifelhafte Gesetzeswerk stoppen oder im Sinne des Bundesverfassungsgerichtsurteils gründlich überarbeiten, sah sich getäuscht: Der in der Nacht vom 21. auf den 22. September 2016 ausgehandelte Kompromiss war insofern ein fauler, als die CSU an ihren extrem unternehmerfreundlichen Positionen festhielt und nur unbedeutende Konzessionen zuließ. Dass der Kapitalisierungsfaktor für die Wertermittlung von Betriebsvermögen wieder ein wenig auf 13,75 angehoben wurde, war noch der größte Verhandlungserfolg sozialdemokratischer und grüner Kritiker des Regierungsentwurfs. Außerdem wurden die Stundungsmöglichkeiten wieder stärker eingeschränkt: Nur im Erb-, also nicht im Schenkungsfall, kann dem Erwerber die Steuer auf Antrag bis zu sieben Jahre gestundet werden, aber nur im ersten Jahr ist dies noch zinslos möglich.

Zwar sind die Verschonungsregeln noch komplizierter und zu einem teuren Beschäftigungsprogramm für Rechtsanwälte sowie Steuer- und Anlageberater, aber keineswegs verfassungskonformer geworden. Die auf Weisung der Karlsruher Richter eingeführte »Verschonungsbedarfsprüfung« etwa greift nicht, wenn das Unternehmen aus strategischen Gründen frühzeitig einem Kind ohne eigenes Vermögen übertragen wird. Geschieht dies – wie demnächst aufgrund der Verschonungsbedarfsprüfung wahrscheinlich noch häufiger als bisher –, hat man es im Grunde mit einem Umgehungstatbestand zu tun.

Das neue Erbschaftsteuerrecht führt dazu, dass sich Firmenerben gegenüber dem Finanzamt armrechnen, von der eigentlich gebotenen Steuerzahlung befreien lassen und auf diese Weise ohne Mühen noch reicher werden können. Man kann daher mit Blick auf die Verschonungsregeln für Betriebsvermögen ohne Übertreibung von Reichtum per Gesetz sprechen.

3.4 Die politisch motivierte Fehlperzeption der Armut: Regierende sehen nicht, was sie nicht sehen wollen

Nimmt man das Sozialstaatsgebot des *Grundgesetzes* (Art. 20, Abs. 1 GG und Art. 28, Abs. 1, Satz 1 GG) ernst, gehört die Armutsbekämpfung zu den zentralen Aufgaben sämtlicher Staatsorgane. Gleichwohl hat bisher keine Bundesregierung die Armut im prosperierenden Deutschland als Gefahr für den gesellschaftlichen Zusammenhalt betrachtet, der man konsequent entgegenwirken muss.

Im wohlhabenden, wenn nicht reichen Deutschland wird die Armut häufig gar nicht oder falsch wahrgenommen. Dies gilt auch für CDU, CSU und SPD, die sich zwar als »Volksparteien« begreifen, aber vor dem selbst mitverschuldeten Problem einer wachsenden Armut die Augen verschließen. In der zweiten Großen Koalition unter Angela Merkel zeigten CDU, CSU und SPD für das Kardinalproblem unserer Gesellschaft keinerlei Sensibilität.[13] Vielmehr kamen das Wort »Reichtum« in dem »Deutschlands Zukunft gestalten« überschriebenen Koalitionsvertrag für die 18. Legislaturperiode auf 185 Seiten nur als »Ideenreichtum« bzw. als »Naturreichtum« und der Begriff »Vermögen« nur als »Durchhaltevermögen« bzw. im Zusammenhang mit der Vermögensabschöpfung bei Kriminellen vor.[14] »Armut« tauchte zwar 10-mal im Koalitionsvertrag auf, größtenteils aber in fragwürdiger Art und Weise.

Zunächst firmierte das Motto »Altersarmut verhindern – Lebensleistung würdigen« als Zwischenüberschrift zur Renten-

---

13 Vgl. hierzu ausführlicher: Christoph Butterwegge, Reichtumsförderung statt Armutsbekämpfung, a. a. O.

14 Vgl. dazu und zum Folgenden: CDU Deutschlands / CSU-Landesleitung / SPD (Hg.), Deutschlands Zukunft gestalten. Koalitionsvertrag zwischen CDU, CSU und SPD, 18. Legislaturperiode, Rheinbach, Dezember 2013 (www.cdu.de/sites/default/files/media/dokumente/koalitionsvertrag.pdf; 12.1.2014)

politik der künftigen Regierungskoalition. Darunter hieß es, die sozialen Sicherungssysteme, auf die sich die Menschen in unserem Land verlassen können müssten, schützten vor Armut und seien Ausdruck des Zusammenhalts unserer Gesellschaft. Beide Formulierungen legten den Schluss nahe, dass Altersarmut in Deutschland (noch) nicht existiert, denn von der Notwendigkeit ihrer Bekämpfung, Verringerung oder Beseitigung war nirgends die Rede.

CDU, CSU und SPD wollten »den Kampf gegen Bildungsarmut fortsetzen und intensivieren«. Während von Kinder- und Jugendarmut an keiner Stelle die Rede war, erschien der Begriff »Bildungsarmut«, mit dem im Koalitionsvertrag die Alphabetisierungsbemühungen von Bund und Ländern begründet wurden, insofern missverständlich, als er zur Verwechslung von Ursache und Wirkung geradezu einlud. Trotz verbreiteter Vorurteile sind Menschen nicht wegen mangelnder Bildung arm – drei Viertel der Beschäftigten im Niedriglohnsektor verfügen über einen Berufs-, 11 Prozent sogar über einen Hochschulabschluss –, sondern Armut führt zu ihrer Benachteiligung im Bildungsbereich.

Dem hierzulande vorherrschenden Armutsverständnis gemäß wurde das Phänomen im Koalitionsvertrag von CDU, CSU und SPD hauptsächlich mit der sog. Dritten Welt in Verbindung gebracht. Nicht weniger als 4-mal tauchte Armut in diesem Zusammenhang auf, der jedoch verdeckt, dass sie in einem reichen Land wie der Bundesrepublik – wenn auch in anderer, weniger dramatisch wirkender Form – gleichfalls existiert und für die davon Betroffenen hier sogar niederschmetternder sein kann als dort. Forschung und Forschungskooperation (besonders mit Afrika) wurden als Instrumente genannt, mit denen der »Teufelskreis von Armut und Krankheit in Entwicklungsländern« durchbrochen werden könne. Folgerichtig setzten sich die Regierungsparteien für »nachhaltige Entwicklung und Armutsbekämpfung« ebendort ein. Ziel der großkoalitionären

Entwicklungspolitik sei es, »auf der Grundlage unserer Werte und Interessen [!?] weltweit Hunger und Armut zu überwinden.« In den ärmsten Ländern der Erde sollten die Anstrengungen zur »Überwindung von Hunger und Armut« verstärkt werden.

Gleich 3-mal wurde im Koalitionsvertrag das Wort »Armutswanderung« bzw. »Armutsmigration« verwendet. Gemeint waren Bulgaren und Rumänen, denen man eine »ungerechtfertigte Inanspruchnahme von Sozialleistungen« vorwarf, wodurch deutsche Kommunen übermäßig belastet würden. Auch wenn die sozialen Problemlagen einzelner Großstädte, etwa Mannheims, Duisburgs und Dortmunds, bei der Unterbringung, Existenzsicherung, Gesundheitsversorgung und Integration treffend beschrieben wurden, leistete der Koalitionsvertrag rassistischen Ressentiments dadurch Vorschub, dass er der »Migration in die sozialen Sicherungssysteme« entgegentrat, ohne Not und Elend der Herkunftsländer zu erwähnen und zu berücksichtigen, dass die Mehrheit der zugewanderten EU-Bürger/innen teilweise hoch qualifizierte Arbeitskräfte in sozialversicherungspflichtigen Beschäftigungsverhältnissen sind.

Glaubte man dem Koalitionsvertrag von CDU, CSU und SPD, gibt es in Deutschland gar keine Armut, es sei denn, dass sie durch unerwünschte Zuwanderer importiert wird. Die wachsende Armut wird jedoch weder von Arbeitsmigrant(inn)en aus EU-Ländern noch von Flüchtlingen aus der sog. Dritten Welt eingeschleppt, sondern ist hausgemacht, d. h. durch eine Bundesregierung mit bedingt, die Reichtumsförderung statt Armutsbekämpfung betreibt. Mit dem im Koalitionsvertrag auch von der Sozialdemokratie bestätigten Merkel-Mantra »Keine Steuererhöhungen – für niemand!« wurde die selbst im 4. Armuts- und Reichtumsbericht der schwarz-gelben Koalition eingeräumte Verteilungsschieflage akzeptiert und das Auseinanderfallen der Gesellschaft forciert. Selbst der allgemeine Mindestlohn, den die Koalitionspartner zum 1. Januar 2015 per Gesetz eingeführt haben, stand für sie nicht im Kontext der Armutsbekämpfung, obwohl der ausufernde Niedriglohnsektor das Haupteinfallstor für heutige Erwerbs- und künftige Altersarmut bildet. Sonst hätten CDU, CSU und SPD die offizielle Lohnuntergrenze nämlich kaum bis 2017 bei 8,50 Euro festgeschrieben. Denn schon damals reichte diese Höhe selbst bei Vollzeiterwerbstätigkeit nicht aus, um in Würde leben, eine Familie ernähren und ohne Inanspruchnahme der Grundsicherung altern zu können.

Auch viele Normalbürger/innen nehmen die Armut im eigenen Land entweder nicht wahr oder nicht ernst genug, wofür mehrere Faktoren verantwortlich sind: *Erstens* ist das hiesige Armutsbild von absoluter Not und Elend in den Entwicklungsländern geprägt, was die Betreffenden daran hindert, analoge Erscheinungen »vor der eigenen Haustür« auch nur zu erkennen, zumal Armut hier weniger spektakulär daherkommt. *Zweitens* glaubt man irrtümlich, in der Lehmhütte eines Slums von Rio de Janeiro, Nairobi oder Kuala Lumpur aufzuwachsen, sei viel dramatischer, als in dem Hochhaus eines »sozialen Brennpunktes« wie Berlin-Neukölln, Köln-Chorweiler oder München-Hasenbergl, sodass es nicht lohne, über das Problem auch nur zu reden. Dabei sind vor allem Kinder und Jugendliche in unserer Konsumgesellschaft einem stärkeren Druck von Seiten der Werbeindustrie wie auch ihrer Mitschüler ausgeliefert, durch das Tragen teurer Markenkleidung oder den Besitz immer neuer, möglichst hochwertiger Konsumgüter »mitzuhalten«. Empathie und Solidarität erfahren die von Armut betroffenen Kinder hingegen in einem geringeren Maße, als dies normalerweise der Fall ist, wo kaum jemand ein großes (Geld-)Vermögen besitzt. Ein *weiterer* Grund, warum Armut leicht »übersehen« wird, liegt in den Versuchen begründet, die Schuld dafür den Betroffenen selbst in die Schuhe zu schieben, welche angeblich »faul sind«, »saufen« oder »nicht mit Geld umgehen« können. Man erwartet von den Armen im Grunde, dass sie sich nach der Münchhausen-Methode »am eigenen Schopf« aus ihrer misslichen Lage herausziehen, und ignoriert, dass dies sinnvoller Angebote der Sozial-, Arbeitsmarkt- und Beschäftigungspolitik bedarf, die es immer weniger gibt. Mit der Armut und den Armen hat *viertens* kaum jemand gern zu tun, weil selbst der Umgang damit stigmatisiert und die Betroffenen nach eher negativen Erfahrungen selten zu denjenigen Menschen gehören, deren offenes Wesen ihnen Freunde und Sympathie einbringt. *Fünftens* haben viele Deutsche heimlich Angst, spätestens im Alter selbst zu verarmen, was sie veranlasst, das Problem zu verdrängen, wie man sich auch ungern mit dem irgendwann anstehenden eigenen Tod oder einer drohenden Operation bei schwerer Krankheit beschäftigt.[15]

Nötig sind mehr Sensibilität gegenüber der Armut, die als Kardinalproblem unserer Wirtschafts- bzw. Gesellschaftsordnung erkannt werden muss, mehr Solidarität mit den davon Betroffenen, was die Rekonstruktion des Sozialstaates genauso einschließt wie eine andere Steuerpolitik zwecks seiner Finanzierung durch Wohlhabende, Reiche und Hyperreiche, aber auch eine höhere Sozialmoral, die bis in die Mittelschicht hineinreichende Deprivations- bzw. Desintegrationstendenzen als Gefahr für den gesellschaftlichen Zusammenhalt begreift. Es bedarf einschneidender Reformen und entschlossener Umverteilungsmaßnahmen, um das Problem zu lösen. Dafür unerlässlich ist ein Paradigmenwechsel vom »schlanken« zum interventionsfähigen und -bereiten Wohlfahrtsstaat.

---

15 Vgl. hierzu: Christoph Butterwegge, Armut in einem reichen Land. Wie das Problem verharmlost und verdrängt wird, 4. Aufl. Frankfurt am Main / New York 2016; ders. / Gerd Bosbach / Matthias W. Birkwald (Hg.), Armut im Alter. Probleme und Perspektiven der sozialen Sicherung, Frankfurt am Main / New York 2012

4.
Der fragwürdige Umgang mit Armut und Armen

Weil die Armut kein bloß individuelles, sondern ein gesellschaftliches und strukturelles Problem ist, müsste sich die Gesellschaft gegenüber davon Betroffenen eigentlich mitfühlend verhalten. Sie und ihre wohlhabenden Mitglieder zeigen in der Regel allerdings wenig Empathie, sondern reagieren häufig mit Vorurteilen gegenüber den sowie mit Diskriminierung und Repressalien auf die Armen.

Von der Etablierung des Christentums bis zum Spätmittelalter galten Arme fast durchgängig als »Kinder Gottes«, die von den Bessersituierten miternährt werden mussten. Da sie von Almosen lebten, deren Gabe für die Reichen unerlässlich war, wenn sie ihr Seelenheil sichern wollten, stellte niemand die Existenzberechtigung, die Lebensweise und die Würde der Armen in Frage. Dies änderte sich grundlegend an der Schwelle zur Neuzeit, wiewohl strittig ist, ob die religiösen Wandlungen jener Epoche, die Kultur der Renaissance oder das Entstehen des Kapitalismus dafür verantwortlich waren.[1] Seither zieht sich durch die mehrhundertjährige Sozialgeschichte der Armut wie ein roter Faden die Aufteilung der davon Betroffenen in »würdige« und »unwürdige Arme« bzw. in »verschämte« und »unverschämte Arme«. Man unterstellte den Letzteren, die gesellschaftlichen Konventionen ohne triftigen Grund zu missachten bzw. sich ihnen aus wenig ehrenvollen Motiven zu widersetzen. »Die Überzeugung, unwürdige Arme hätten

1 Vgl. Bronislaw Geremek, Geschichte der Armut. Elend und Barmherzigkeit in Europa, München 1991, S. 16

keine Moral, sie seien hartnäckige Schwindler, sittenlose Müßiggänger und Diebe, diese Überzeugung also stammt aus dem Mittelalter und lebt in der einen oder anderen Form bis heute fort.«[2]

Nunmehr traten die Behörden den für die gesellschaftlichen Eliten problematischen Erscheinungsformen und Folgen der Armut mit größtmöglicher Härte entgegen. Dabei gingen die institutionelle Diskriminierung und die ideologische Diffamierung bzw. öffentliche Denunzierung der Armen zumeist Hand in Hand. In diesem Kapitel soll untersucht werden, welche Reaktionsweisen in unterschiedlichen Epochen dominieren und wie sie mit bestimmten politischen Richtungen (Konservatismus, Neoliberalismus und Rechtspopulismus) korrelieren.

4.1 Konservatismus und Armut: Härte gegenüber den Betroffenen – ein Heilmittel für das Übel des Pauperismus?

Vergleicht man ältere Schriften zum Themenkreis »Armut, Bettelei und Almosen« mit zeitgenössischen Stellungnahmen, erkennt man eine gleichermaßen überraschende wie erschreckende Kontinuität in der Haltung zu den Betroffenen. Erstaunlich, aber im Grunde auch schockierend ist, wie sich Vorurteile und Ressentiments gegenüber den Armen teilweise über Jahrhunderte gehalten oder sogar verfestigt haben. Fast scheint es, als hätten Konservative in früheren Zeiten ähnlich negativ über Bettler, »Landstreicher« und Vagabunden gedacht, wie man heute über die Bezieher/innen von Arbeitslosengeld II oder Sozialhilfe spricht. Ein historischer Rückblick auf den Umgang mit Armen bietet sich auch deshalb an, weil die Motive der handelnden Personen damals teilweise noch offener zutage traten und von führenden Theoretikern der staatlichen Armenhilfe deutlicher formuliert wurden, als dies gegenwärtig üblich ist.

2 Robert Jütte, Arme, Bettler, Beutelschneider. Eine Sozialgeschichte der Armut, Weimar 2000, S. 209

Kein anderer europäischer Staat hatte so früh Armengesetze wie England, das die Gemeinden bereits 1601 unter Elizabeth I. im *Act for the Reliefs of the Poor* verpflichtete, Erwerbslose finanziell zu unterstützen. Damit wollte die Monarchie der um sich greifenden (Gewalt-)Kriminalität und der ausufernden Bettelei entgegenwirken – Probleme, die auch den englischen Arzt und Ökonomen Bernard Mandeville auf den Plan riefen. In seiner »Bienenfabel« verglich er die Menschen zu Beginn des 18. Jahrhunderts mit Tieren und attestierte ihnen einen »außerordentlichen Hang zum Müßiggang und zum Vergnügen«,[3] womit er den argumentativen Grundstein zur Verwandlung der Armen von Opfern einer sie nicht ausreichend ernährenden Gesellschaft in Täter legte, die ihre soziale Misere angeblich selbst verschuldet haben. Mandeville forderte, dass der Arbeitslohn dem Preis der Lebensmittel entsprechen müsse und die Armen zwar vor dem Verhungern bewahrt bleiben, aber nichts erhalten sollten, wovon sie Ersparnisse bilden könnten.[4] Es sei zwar klug, die Armut zu mildern, aber töricht, sie ganz zu beseitigen, konstatierte Mandeville: »Das einzige, was einen Mann aus dem Arbeiterstande fleißig machen kann, ist (…) eine mittlere Menge Geld; denn wie zu wenig ihn seiner Anlage entsprechend entweder zu Stumpfsinn oder Verzweiflung führen wird, so wird zu viel ihn frech oder träge machen.«[5]

Um nicht »Müßiggang und Bettelei« unter den niedersten Schichten zu fördern, riet Mandeville zur Unnachsichtigkeit gegenüber ihren Mitgliedern: »Jeder, der irgend imstande ist, sollte zur Arbeit angehalten werden, und selbst unter den Kränklichen sollte genau nachgeforscht werden. Es dürften

---

3 Siehe Bernard Mandeville, Die Bienenfabel oder Private Laster, öffentliche Vorteile, Mit einer Einleitung von Walter Euchner, Frankfurt am Main 1980, S. 231

4 Vgl. ebd.

5 Ebd., S. 232

sich dann für die Mehrzahl der Lahmen und Blinden und für viele, die zu schwerer Arbeit untauglich sind, Beschäftigungen finden, solange ihre Gesundheit und ihre Kräfte noch ausreichen.«[6] Durch eine übermäßige Großzügigkeit werde hingegen die Möglichkeit vertan, von Armen die notwendigen Arbeiten verrichten zu lassen, was Mandeville damit zu erklären suchte, dass »überall – und ganz besonders in unserer Nation – eine unvernünftige Neigung zu einer Art Verehrung für die Armen grassiert, die einer Mischung von Mitleid, Albernheit und Aberglauben entspringt.«[7]

Obgleich ihn diese Ansichten eher als einen in der Wolle gefärbten Konservativen auswiesen, hätte Mandeville genauso gut als Vordenker der neoliberalen Standortlogik, einer aggressiven Exportorientierung und einer nationalen Lohndumping-Strategie durchgehen können. Beispielsweise war Mandeville der Auffassung, »daß in einem freien Volke, wo die Sklaverei verboten ist, der sicherste Reichtum in einer großen Menge schwer arbeitender Armer besteht. Denn abgesehen davon, daß sie die nie versagende Quelle für Heer und Flotte sind, würde es ohne sie keinen Lebensgenuß geben, und kein Erzeugnis irgendeines Landes hätte mehr einen Wert.«[8] Wie man, wenn man mit Raffinesse und Ausdauer ihre Faulheit unterstütze, die Armen dazu bringen könne, ohne Schwung zu arbeiten, so könne man sie auch an Härten gewöhnen, ohne dass sie diese als solche empfänden, meinte Mandeville, wenn man sie nur in Unwissenheit und Beschränktheit auf ihre eigene Beschäftigung halte: »Wenn wir mit Hilfe dieser beiden Kunstgriffe Vorräte geschaffen haben und infolgedessen billige Arbeit, müßten wir unfehlbar unsere Nachbarn unterbieten und gleichzeitig unsere Bilanzziffern erhöhen können. Dies ist die vornehme und

6 Ebd., S. 299 f.

7 Siehe ebd., S. 343

8 Ebd., S. 319

männliche Art und Weise, unseren Handelsrivalen entgegenzutreten und sie vermöge unserer Leistungen auf ausländischen Märkten auszuschalten.«[9]

Johann Bernhard Basedow, ein der Aufklärung und der Reformpädagogik verpflichteter Theologe, geißelte in seiner 1772 publizierten Schrift »Anschläge zu Armen-Anstalten wider die Unordnung der Betteley, besonders in mittelmäßig-großen Städten« ebenfalls die Gemeinschädlichkeit des Bettelunwesens. Er nannte die Bettelei abscheulich und stellte eine lange Liste ihrer Nachteile auf: »Sie ist auf unbemerkte Art der Gesundheit und dem Leben vieler Menschen, und besonders der Kinder schädlich; sie reizt eine große Anzahl Menschen zum Müßiggange, dem bekannten Anfange aller Laster; sie lehrt Viele die abscheulichste Art der Lügen und Niederträchtigkeit; sie verderbt das Gemüth des ganzen zahlreichen Standes, der mit Bettlern umgeht; sie vermehrt die Gefahr und Angst vor dem Diebstahl; sie macht Vielen ein trauriges obgleich falsches Bild von der Erde, die voller Güte des Herrn ist und worauf er die Menschen nicht zum Klagen und Jammern gesetzt hat; sie verunstaltet die ganze Gesellschaft, die ansehnlichsten Gassen und Palläste und die anmuthigsten Spatziergänge; sie vernichtet manchem Hause täglich viele zur Arbeit und zum Vergnügen bequeme Augenblicke; sie ist für das Gesinde ein Reiz zu den ersten Graden der Untreue, worauf die andern wahrscheinlicherweise folgen; sie vermehrt eine jede Gefahr ansteckender Seuchen; sie verewigt und vermehrt alles dieses Unglück bis auf die spätere Nachwelt; sie ist eine fortwährende Krankheit des Staats, und verdunkelt also einen Theil der Verdienste der Regenten und Regierungen, welche diesem Uebel abzuhelfen den Eifer, die Sorgfalt, die Berathschlagung, die Versuche und die nöthigen Aufopferungen nicht lange genug fortsetzen, bis eine zureichende und dauerhafte Armenanstalt

9 Ebd., S. 348

nach Ueberwindung aller Schwierigkeiten und Hindernisse zu Stande gebracht ist.«[10]

Jede in die Augen fallende Betrügerei, die dem Armenwesen zum Schaden gereiche, müsse »ohne Pardon« bestraft werden, forderte Basedow, woraus sich für ihn als »einzige Hauptregel« ergab: »Man wende die nöthigen Kosten und Menschen an, die wahre Noth von der scheinbaren zu unterscheiden; man schaffe wider die wahre Noth öffentliche Hülfe, und nun führe man jeden Bettler durch bestellte Voigte an den Ort, wo nach einer kurzen Untersuchung ihm eine gewisse Anzahl Peitschenschläge zuerkannt wird, welche er, damit viele geschreckt werden, an öffentlichen Oertern oder Ecken der Gassen empfangen soll.«[11] Abschreckung und Repression durch Bettelvögte wurden als Heilmittel empfohlen, wenn es darum ging, das Problem der Verarmung größerer Teile der Bevölkerung zu lösen.

Basedow nahm das »Lohnabstandsgebot« im Rahmen der 1961/62 eingeführten Sozialhilfe bereits gedanklich vorweg, als er forderte, dass ein »beständiger Abscheu« vor der Bedürftigkeit aufrechterhalten werden müsse, wozu zwei Mittel beitragen könnten: »Erstlich, die Nothdürftigen, die der Staat unterhält, müssen ein schlechter und beschwerlicher Leben führen, als der große tagelöhnerische Haufen, der nicht dürftig ist; denn sonst würde sich niemand scheuen, bald oder spät dem Staate zur Last zu fallen.«[12] Um dem unausrottbaren »Triebe zum angenehmen Wohlleben« – Guido Westerwelle sprach übrigens beinahe 250 Jahre später mit Blick auf die Hartz-IV-Bezieher von »anstrengungslosem Wohlstand« – keine Nahrung zu geben, empfahl Basedow eine größere Härte gegenüber den Leistungsempfängern: »Selbst der Schwache und Verstümmelte muß noch

10 Johann Bernhard Basedow, Anschläge zu Armen-Anstalten wider die Unordnung der Betteley, besonders in mittelmäßig-großen Städten, Dessau 1772, S. 18 f.

11 Ebd., S. 36

12 Ebd., S. 34

so viel arbeiten, als der Rest seiner Kräfte und Glieder leidet.«[13] Außerdem sollte die Zucht der Unterstützungsempfänger sehr streng und ihre Freiheit »fast militarisch eingeschränkt seyn, damit der die Freyheit und das Wohlleben liebende Mensch einen Abscheu vor der Nothwendigkeit der Staatshülfe behalte. Das zweyte Mittel ist, daß alle diejenigen, die durch offenbare und fortgesetzte Laster sich in das Bedürfniß der Staatshülfe gesetzt haben und aus Furcht der Peitsche nicht betteln dürfen, mit einiger Beschimpfung schlechter als die übrigen Staatsarmen gehalten werden.«[14]

Als seinen wichtigsten Rat, der im Nebenzweck die »Armenunkosten« senke, bezeichnete Basedow die Forderung, »daß kein gesunder Mensch Unterhalt oder Geld bekomme, ohne mit solcher Beschwerlichkeit, als etwa ein geübter Tagelöhner dafür ertragen würde, seine Kräfte gebrauchen zu müssen; nämlich zum Beweise, daß er wahrhaftig dürftig sey, und daß er der Pflicht, im Schweiße seines Angesichtes sein Brod zu essen, nicht ausweichen wolle.«[15] Auch für den erst kürzlich im Deutschland der »Flüchtlingskrise« offenbar eingetretenen Fall, dass »viele arme Leute mit geschwächten oder verdorbnen Kindern aus der Ferne zu uns kämen«, wusste Basedow bereits Rat: »Die Ankömmlinge also, welche arm und der Nothdürftigkeit nahe scheinen, müssen sich in einer mit guter Policey regierten Stadt nicht anders als nur zur Durchreise aufhalten dürfen.«[16] Deshalb müssten die Stadttore – respektive Grenztürme – besetzt sein und »solche Leute« außer in einem einzigen, unter staatlicher Aufsicht stehenden Wirtshaus höchstens bei geeigneten Einwohnern für kurze Zeit ein Nachtlager finden.

13 Ebd.

14 Ebd., S. 35

15 Siehe ebd., S. 40 f.

16 Ebd., S. 35

Basedow war sich wenigstens noch bewusst, dass Armutsbekämpfung nicht zuletzt der Besitzstandswahrung wohlhabender und reicher Mitbürger dient, denen er aus diesem Grund ins Stammbuch schrieb: »Wer also die Sicherheit seines Hauses und Vermögens nach Würden zu schätzen weiß, wird gern einen Theil seines jährlichen Einkommens hergeben, um zur Abschaffung der Betteley öffentliche Armenanstalten zu befördern; insonderheit da, wie ich bald zeigen will, im Ganzen weniger dazu gegeben werden darf, als von allen zusammen dem vermischten Haufen der Bettler wirklich gegeben wird.«[17]

Joseph Townsend, ebenfalls Arzt, aber auch protestantischer Priester und Geologe, der sich wie Mandeville und Basedow als »Menschenfreund« verstand, publizierte 1786 eine Schrift, in der er sich kritisch mit den für andere Länder beispielgebenden Armengesetzen seines Heimatlandes auseinandersetzte. Diese hätten, beklagte Townsend, aufgrund ihrer übermäßigen Generosität und Liberalität zu einer paradoxen Situation geführt: »Nie gab es mehr Elend unter den Armen; nie kam mehr Geld zu ihrer Hilfe zusammen. Aber besonders verblüffend ist es, dass Armut und Not im selben Maß zunehmen wie die Anstrengungen, den Armen großzügige Unterstützung zu gewähren; und dass überall da, wo am meisten zu ihrer Hilfe ausgegeben wird, Elende im Überfluss vorhanden sind, während in den Ländern oder Provinzen, welche die geringste Armenfürsorge bieten, die wenigsten Klagen zu hören sind.«[18]

Zu den Grundüberzeugungen der Besitzenden gehörte damals wie heute ein Dogma, das Townsend so formulierte: »Wo man Brot ohne Last und Mühe erwerben kann, führt der Weg über Müßiggang und Faulheit zur Armut, das zeigt sich überall.«[19]

---

17 Ebd., S. 16f.

18 Joseph Townsend, Über die Armengesetze. Streitschrift eines Menschenfreundes, Berlin 2011, S. 11

19 Ebd., S. 15

Townsend glaubte an die Selbstregulierungsfähigkeit des Marktes, hielt die elisabethanischen Armengesetze für einen Störfaktor des Wirtschaftslebens und klagte, in England werde es dem Pöbel viel zu leicht gemacht, wohingegen die Belastung der wohlsituierten Bürger durch die Armensteuer ständig wachse. Folgerichtig plädierte Townsend wie Basedow für mehr staatlichen Druck, weil sich dieser am Ende positiv auf die Armen auswirke: »Eine gewisse Pression muss vorhanden sein, und am besten wirkt die, die mit der geringsten Gewaltsamkeit ausgeübt wird. Wenn ein Armer Hunger hat oder fürchtet, wird das Verlangen nach Brot ihn still und leise darauf einstimmen, die größten Mühen auf sich zu nehmen, und ihm die schwersten Arbeiten versüßen.«[20] Eine sichere, feste und ständige Armenfürsorge schwäche hingegen diese Triebfeder des Fleißes, der Tatkraft und der Tugendhaftigkeit.

Mit dem sog. Speenhamland-Gesetz, das 1795 als staatliches Zuschusssystem bei (zu) niedrigen Arbeitslöhnen etabliert wurde, erfuhr die englische Armenhilfe eine radikale Wende, deren Bedeutung in ökonomischer und gesellschaftspolitischer Hinsicht laut Karl Polanyi gar nicht überschätzt werden kann. In seinem epochalen Werk »The Great Transformation«, das 1944 erschien, hat Polanyi nicht bloß gezeigt, dass sich unter dem Speenhamland-System kein für den Industriekapitalismus konstitutiver Arbeitsmarkt herausbilden konnte, sondern auch seine ambivalenten sozialen Wirkungen untersucht: »Es wurde begründet, um die Arbeitslöhne aufzubessern, also zugunsten der Arbeitnehmer, benützte aber in Wirklichkeit öffentliche Mittel zur Subventionierung der Arbeitgeber, denn der Haupteffekt des Zuschußsystems bestand darin, die Löhne unter das Existenzminimum zu drücken.«[21]

---

20 Ebd., S. 26f.

21 Vgl. Karl Polanyi, The Great Transformation. Politische und ökonomische Ursprünge von Gesellschaften und Wirtschaftssystemen, 14. Aufl. Frankfurt am Main 2019, S. 139

Lohnbeihilfen sollten einerseits die Armut auf dem Land lindern und andererseits einer Revolution vorbeugen. Scheinbar wurden die Armen nach einem Beschluss der Friedensrichter von Berkshire, die sich in Speenhamland bei Newbury getroffen hatten, durch ergänzend zum Arbeitslohn gezahlte Unterstützungsleistungen bessergestellt, die sich nach dem Familienstand bzw. der Kinderzahl richteten und sich am Brotpreis orientierten; in Wirklichkeit zogen englische Fabrikherren den Proletarier(inne)n diese Transferleistungen von ihrem kargen Lohn ab, wie Karl Marx anmerkte, der diese Praxis der Kapitalisten nur für konsequent hielt.[22]

Später erkannten Wissenschaftler, die der Arbeiterbewegung nahestanden oder wie der Nationalökonom Gustav Cohn ethische Normen im Wirtschaftsleben betonten, dass »Kombilöhne« die Würde der Arbeit verletzen. Cohn problematisierte in seinem Jahrbuch-Beitrag »Arbeit und Armuth«, der 1881 erschien, die Lohnsubventionierung durch den Staat: »Die Löhne der privatwirthschaftlichen Produktion zu einem Theile nach diesem privatwirthschaftlichen Grundsatze bezahlen, zu einem anderen Theile auf öffentliche Schultern übernehmen, ist eine Kombination, welche als Nothlage und Uebergangsmaßregel erklärlich, als Normalzustand falsch ist.«[23] Schon damals mutmaßte Cohn, »daß mit öffentlichen Steuern die Löhne herabgedrückt werden, damit die nationale Arbeit desto konkurrenzfähiger auf dem Weltmarkt werde.«[24] Auch hinsichtlich seiner Funktion, der eigenen Wirtschaft durch mehr Druck auf die

---

22 Vgl. Karl Marx, Ökonomisch-philosophische Manuskripte aus dem Jahre 1844, in: ders./Friedrich Engels, Werke (MEW), Ergänzungsband (Schriften, Manuskripte, Briefe bis 1844), Erster Teil, Berlin (DDR) 1974, S. 524

23 Gustav Cohn, Arbeit und Armuth, in: Jahrbuch für Gesetzgebung, Verwaltung und Volkswirtschaft im Deutschen Reich, Bd. 5, Leipzig 1881, S. 1013

24 Siehe ebd.

Löhne weitere Vorteile im internationalen »Standortwettbewerb« zu verschaffen, war Speenhamland, wenn man so will, ein historischer Vorläufer des Hartz-IV-Systems: Das im großen Stil übliche »Aufstocken« des Arbeitslosengeldes II nach Art eines Kombilohns, mit dem Unternehmen subventioniert werden, die so niedrige Löhne und Gehälter zahlen, dass man davon nicht leben kann,[25] gibt es also keinesfalls erst seit Einführung der Sozialhilfe. Trotz eines seit dem 1. Januar 2015 in Deutschland geltenden Mindestlohns gibt es immer noch mehr als 1,2 Mio. sog. Erwerbsaufstocker/innen.

In seinem zuerst 1798 erschienenen »Essay on Population« griff Thomas Robert Malthus, englischer Geistlicher und Ökonom, die Townsend'sche Kritik an den englischen Armengesetzen auf und ergänzte sie um seine pseudowissenschaftliche, aber durch mathematische Formeln überzeugender wirkende Bevölkerungslehre, die nicht bloß Charles Darwin, vielmehr auch den Sozialdarwinismus stark beeinflusste. Malthus führte Armut und Elend in biologistischer Manier auf ein zu rasches Wachstum der Bevölkerung zurück.[26] Wenn der Pauperismus eine zwangsläufige Folge der Überbevölkerung ist, die angeblich darauf beruht, dass sich die Armen, statt fleißig zu sein und hart zu arbeiten, dem Laster hingeben, viele Kinder in die Welt setzten und sich rasend vermehren, sind die gesellschaftlichen Macht-, Herrschafts- und Eigentumsverhältnisse völlig schuldlos an der sozialen Misere. Aufgrund schneller als die vorhandene Nahrungsmenge wachsender Bevölkerungszahlen existiert

25 Vgl. hierzu und zum Folgenden: Christoph Butterwegge, Hartz IV und die Folgen. Auf dem Weg in eine andere Republik?, 3. Aufl. Weinheim / Basel 2018, S. 207 ff.

26 Vgl. Thomas Robert Malthus, Eine Abhandlung über das Bevölkerungsgesetz, oder eine Untersuchung seiner Bedeutung für die menschliche Wohlfahrt in Vergangenheit und Zukunft, nebst einer Prüfung unserer Aussichten auf eine künftige Beseitigung oder Linderung der Übel, die es verursacht, Erster Band, Jena 1905, S. 2 und 19

laut Malthus ein sich ständig reproduzierender Mangel, der Not und Elend mit sich bringt. Armut wäre demnach quasi ein Naturereignis, das sich von Menschen weder verhindern noch beheben ließe, zumal Missernten immer wieder zu Hungerkrisen führten.

Malthus' defätistische Perspektive der Armenpopulation als einer überzähligen Masse, die sich permanent vermehrt und nie schrumpft, bestimmte fortan den konservativen Mainstream. Zu ganz ähnlichen Schlussfolgerungen wie Townsend gelangte der Liberale Alexis de Tocqueville in der ersten Hälfte des 19. Jahrhunderts. Der staatlichen Armenhilfe, die er aus England kannte, misstraute der französische Aristokrat zutiefst, weil sie seiner Meinung nach zwangsläufig zum permanenten Leistungsmissbrauch führen muss: »Ein Gesetz einrichten zu wollen, das den Bedürftigen regelmäßig dauerhaft und gleichförmig Hilfe bietet, ohne daß die Zahl der Armen ansteigt, ohne daß die Faulheit zusammen mit den Bedürfnissen wächst, der Müßiggang zusammen mit dem Laster, hieße, eine Eichel pflanzen und sich dann darüber wundern, daß sich ein Stamm bildet, Blätter sprießen, Blüten knospen und schließlich Früchte reifen, die sich weithin zerstreuen, bis daß aus dem Erdinneren eines Tages ein grüner Wald emporgewachsen ist.«[27] In dem Moment, wo die Armenhilfe im sozialstaatlichen Sinne institutionalisiert wird, entsteht laut Tocqueville eine parasitäre Bevölkerungsschicht: »Jedwede Maßnahme, die die gesetzliche Armenhilfe dauerhaft in einer Verwaltungsstruktur verankert, schafft somit eine untätige und arbeitsscheue Klasse, die auf Kosten der werktätigen Industriebevölkerung lebt.«[28]

---

27 Alexis de Tocqueville, Über den Pauperismus. Erste Denkschrift (1835): Das allmähliche Fortschreiten der Massenarmut in den modernen Staaten, in: ders., Das Elend der Armut. Über den Pauperismus, Berlin 2007, S. 37

28 Ebd., S. 28

Tocqueville unterschied bereits explizit zwei Formen der Armutsbekämpfung, die bis heute als voneinander abweichende, sich aber teilweise auch ergänzende Strategien gelten können: »Die eine veranlaßt jeden einzelnen Menschen dazu, die Mißstände in seinem Umfeld nach seinen Möglichkeiten zu mildern. Diese Form der Wohltätigkeit ist so alt wie die Menschheit selbst. Sie hat mit den menschlichen Nöten ihren Ausgang genommen, und das Christentum hat daraus eine göttliche Tugend gemacht, die man Nächstenliebe nennt.«[29] Nüchterner würde man sie wohl die karitative Methode nennen, mit deren Hilfe die absolute Armut spürbar verringert werden kann, während der relativen Armut auf diesem Weg schwerlich beizukommen ist. »Die andere Form, die weniger spontan, dafür aber vernunftgeleiteter ist, weniger enthusiastisch, dafür aber oftmals wirksamer, veranlaßt die Gesellschaft selbst, sich des Unglücks ihrer Mitglieder anzunehmen und systematisch darauf zu achten, daß deren Leid gelindert wird. Diese Form ist aus dem Protestantismus entstanden und hat sich nur in den modernen Gesellschaften entwickelt.«[30] Man würde sie allgemeiner die politische Methode nennen, mit der die strukturellen Ursachen der (relativen) Armut unter der Voraussetzung beseitigt werden können, dass ein gesellschaftlicher Konsens über die Herstellung von mehr sozialer Gleichheit besteht.

Da die Besitzenden lautstark über rasant steigende Armensteuern klagten, wurde im *Act for the amendment and better administration of the laws, relating to the poor in England and Wales* verfügt, dass seit dem 14. August 1834 jegliche Hilfeleistung zu unterbleiben hatte und Arme fortan aus Gründen der Abschreckung in Arbeitshäuser (work houses) eingewiesen werden sollten. Friedrich Engels hat in seiner Schrift »Die Lage der arbeitenden Klassen in England«, die gut zehn Jahre spä-

29 Ebd., S. 22

30 Ebd., S. 22

ter erschien, ausführlich geschildert, welchen Qualen, Strafen und Schikanen die Insassen solcher Zuchtanstalten ausgesetzt waren.[31] Sucht man nach literarischen Belegen für die skandalösen Zustände in diesen gefängnisähnlichen Einrichtungen, wird man bei Charles Dickens fündig. Denn was die junge Titelfigur seines 1837/38 erschienenen Romans »Oliver Twist« an körperlichen Leiden, Erniedrigungen und Demütigungen erlebte, war im Wesentlichen dem neuen Armengesetz geschuldet, gegen das sich eine breite Protestbewegung bildete, die nach Aufständen, Demonstrationen und Streiks zumindest Teilerfolge verzeichnete.[32]

4.2 Neoliberalismus und Armut: Man erklärt die Armen zu den wahrhaft Reichen und macht den Sozialstaat zum Sündenbock

Aufgrund der Einführung des *Vierten Gesetzes für moderne Dienstleistungen am Arbeitsmarkt* am 1. Januar 2005 avancierte »Armut« beinahe zu einem Topthema in den Massenmedien.[33] Vor allem Teilnehmer/innen an TV-Talkshows sprachen nun zwar häufiger über sie, sahen darin jedoch meistenteils kein gesamtgesellschaftliches, durch die bestehende Wirtschaftsstruktur und neoliberale Reformen des Sozialstaates bedingtes Strukturproblem, sondern ein durch persönliches Fehlverhalten oder zufällige Ereignisse (Trennung bzw. Scheidung, Verlust des Arbeitsplatzes, Tod des Alleinernährers usw.) ausgelöstes Schicksal. Entsprechend wenig taten die Repräsentanten der etablierten Parteien als politisch Verantwortliche dagegen.

---

31 Vgl. Friedrich Engels, Die Lage der arbeitenden Klasse in England. Nach eigner Anschauung und authentischen Quellen, in: MEW, Bd. 2, Berlin (DDR) 1974, S. 496ff.

32 Vgl. Albert O. Hirschman, Denken gegen die Zukunft. Die Rhetorik der Reaktion, Frankfurt am Main 1995, S. 38f.

33 Vgl. hierzu und zum Folgenden: Christoph Butterwegge, Hartz IV und die Folgen, a.a.O., S. 167ff. und S. 244ff.

Der damalige FDP-Vorsitzende, Bundesaußenminister und Vizekanzler Guido Westerwelle erregte im Frühjahr 2010 mit einer Äußerung über Hartz-IV-Bezieher enormes Aufsehen, wobei es im Kern um die Frage ging, ob der deutsche Sozialstaat zu großzügig gegenüber Menschengruppen wie Langzeiterwerbslosen sei, die ihn schamlos ausnutzten, und ob nicht beispielsweise drastische Leistungskürzungen, schärfere Zugangsvoraussetzungen und effektivere Kontrollmaßnahmen notwendig seien, um dies zu erschweren oder ganz zu verhindern.

Kaum hatte das Bundesverfassungsgericht am 9. Februar 2010 die Hartz-IV-Regelsätze für nicht mit dem Grundgesetz vereinbar erklärt, meldete sich Westerwelle in der *Welt* zu Wort. In seinem Gastkommentar kritisierte er das höchste deutsche Gericht und dessen Urteil zwar mit keinem Wort, monierte aber die »sozialistischen Züge« der Diskussion darüber: »Gerufen wird nach dem Staat, die Rechnung begleicht der Steuerzahler. Es scheint in Deutschland nur noch Bezieher von Steuergeld zu geben, aber niemanden, der das alles erarbeitet.«[34] Westerwelle gerierte sich als politisches Sprachrohr der Mittelschicht, die in den vergangenen zehn Jahren von zwei Dritteln auf bloß noch gut die Hälfte der Gesellschaft geschrumpft sei: »Damit bröckelt die Brücke zwischen Arm und Reich. Eine Gesellschaft ohne Mitte fliegt auseinander, und der Politik fliegt sie um die Ohren.«[35] Hart arbeitende Bürger bekämen weniger Geld, als wenn sie die Grundsicherung für Arbeitsuchende in Anspruch nähmen: »Was sagt eigentlich die Kellnerin mit zwei Kindern zu Forderungen, jetzt rasch mehr für Hartz IV auszugeben? Wer kellnert, verheiratet ist und zwei Kinder hat, bekommt im Schnitt 109 Euro weniger im Monat, als wenn er oder sie Hartz IV bezöge.«[36]

34 Guido Westerwelle, Hartz IV und die Frage, wer das alles zahlt: Vergesst die Mitte nicht!, in: Die Welt v. 11.2.2010

35 Ebd.

36 Ebd.

Mit solchen Zahlen, die falsch waren, weil niemand, der arbeitet, weniger als ein Grundsicherungsempfänger in derselben Familiensituation erhält, sofern er staatliche Leistungen wie Kinder-, Eltern- und Wohngeld in Anspruch nimmt, die Transferleistungsempfänger(inne)n entweder nicht zustehen oder die sie auf das Arbeitslosengeld II angerechnet bekommen, in der Berechnung jedoch nicht selten einfach »vergessen« werden,[37] machten Westerwelle und in seinem Gefolge zahlreiche Journalisten politisch Stimmung gegen den Wohlfahrtsstaat.

Gerd Bosbach und Jens Jürgen Korff wiesen jedoch auf die »mutmaßliche Verwechslung von Ursache und Wirkung« hin, der Westerwelle in seiner »Wirtshausrechnung« unterlag, als er glauben machen wollte, das Niveau des Arbeitslosengeldes II sei schneller als das Niveau der Löhne gestiegen und habe deren Untergrenze daher eingeholt: »Der Anteil der Beschäftigten, der zu Niedriglöhnen arbeiten muss, ist in den 1990er- und 2000er-Jahren deutlich gestiegen, und das Niveau der Niedriglöhne ist in Deutschland in den letzten Jahren gesunken, sodass die unteren Lohngruppen teilweise unter das fast stagnierende Hartz-IV-Niveau geraten sind.«[38] Offenbar gebe es bei deutschen Unternehmern den Drang, die Löhne möglichst auf oder unter das Hartz-IV-Niveau zu drücken. Daraus leiteten die zitierten Autoren die Notwendigkeit von »menschenwürdigen Mindestlöhnen« ab, denn sie fürchteten wohl zu Recht, dass die unteren Lohngruppen bei Nutzung der von Westerwelle augenscheinlich präferierten, vom Bundesverfassungsgericht allerdings weitgehend versperrten Möglichkeit, das Hartz-IV-Niveau abzusenken, diesem Weg in den Keller der Armut bald folgen würden.

---

37 Vgl. dazu: Ulrich Schneider, Armes Deutschland. Neue Perspektiven für einen anderen Wohlstand, Frankfurt am Main 2010, S. 202

38 Gerd Bosbach/Jens Jürgen Korff, Lügen mit Zahlen. Wie wir mit Statistiken manipuliert werden, 3. Aufl. München 2013, S. 209

Durch einen in zahlreichen Interviews enthaltenen Hinweis auf vermeintlich massenhaften »Sozialmissbrauch« einerseits und den daraus seiner Meinung nach offenbar resultierenden Sachzwang zu Leistungskürzungen für Hartz-IV-Bezieher/innen andererseits lenkte Westerwelle ab von der Klientelpolitik des Bundeskabinetts, also von bereits erfolgten und geplanten Steuersenkungen der CDU/CSU/FDP-Koalition für Begüterte und Besserverdienende wie Hotelbesitzer oder Firmenerben bzw. anderen Fördermaßnahmen für die vier großen Energiekonzerne (z. B. die nach der japanischen Reaktorkatastrophe wieder zurückgenommene Verlängerung der Restlaufzeiten für Atomkraftwerke), Ärzte und Zahnärzte, die Pharmaindustrie, die privaten Krankenversicherungen, Vermieter (Erleichterung der Umlegung von Kosten der energetischen Gebäudesanierung auf die Mieter/innen) und Spediteure (Aussetzung der schon beschlossenen Erhöhung der Lkw-Maut).

Die von Westerwelle losgetretene Kampagne war auf soziale Polarisierung angelegt, hetzte Niedriglöhner/innen gegen Arbeitslose auf und suchte die breite Mehrheit der Einkommensteuerzahler/innen hinter sich zu versammeln: »Westerwelle knüpfte an die ›Unterschicht-Debatte‹ an, diffamierte Arbeitslose und stellte diese nicht nur als faul dar, sondern mehr oder weniger offen als wertlose Schmarotzer.«[39] Zugleich schürte Westerwelle den für Berichte der Boulevardmedien über die »faulen Armen« typischen Sozialneid nach unten. Dabei wurde eine materiell benachteiligte Minderheit (Leistungsempfänger/innen) gegen die Steuern zahlende Mehrheit der »Leistungsträger« ausgespielt.

Mehrfach klagte Westerwelle über »Leichtfertigkeit im Umgang mit dem Leistungsgedanken« und die »Missachtung der Mitte«, die System habe und brandgefährlich sei: »Wer dem

39 Annelie Buntenbach, Hartz IV: Es geht um mehr als nur 5 €, in: WSI-Mitteilungen 12/2010, S. 650

Volk anstrengungslosen Wohlstand verspricht, lädt zu spätrömischer Dekadenz ein.«[40] Ulrich Schneider bemerkte zu Recht, dass Westerwelle mit dieser Formulierung den Korridor einer seriösen Sozialstaatskritik verlassen und zugleich die Trennlinie zwischen den sog. Volksparteien und Nischen- bzw. Klientelparteien überschritten hatte: »Wer (…) die Sozialstaatlichkeit selbst als konstitutives Merkmal staatlichen Handelns so aggressiv, so polemisch und so grundsätzlich in Frage stellt, der muss wissen, dass er sich damit bei einstelligen Wahlergebnissen wiederfindet.«[41]

In einem weiteren Gastkommentar für die *Welt* begrüßte Guido Westerwelle die Intensität und Emotionalität der von ihm angestoßenen Diskussion: »Die Mitte in unserem Land, die erst einmal erwirtschaften muss, was andere hier in Berlin so gerne verteilen wollen, ist durch die Debatte dahin gerückt, wo sie hingehört: ins Zentrum der Diskussion. Endlich wird bei uns auch wieder über die gesprochen, die den Staat, auch den Sozialstaat, bezahlen. Denn es gibt keine ›Staatsgelder‹. Es gibt nur Geld von jenen, die Steuern und Abgaben zahlen, also von Bürgern und Betrieben.«[42] Für Westerwelle bildete das Erwirtschaften von Wohlstand die Basis für jede Unterstützung der »wirklich Bedürftigen«, und er beklagte, dass angeblich bloß noch an dessen Verteilung gedacht werde. Entgegen der Stammtischweisheit, wonach eine Volkswirtschaft zuerst genügend Reichtum erzeugen muss, bevor der Sozialstaat mittels teurer Transferleistungen die Armut von Randgruppen und benachteiligten Minderheiten lindern kann, ist dieser aber gerade kein unproduktiver Kostgänger der Ökonomie, seine Interventionstätigkeit vielmehr sogar eine Grundvoraussetzung für das Funktionieren moderner Volkswirtschaften.

---

40 Guido Westerwelle, Hartz IV und die Frage, wer das alles zahlt: Vergesst die Mitte nicht!, a. a. O.

41 Ulrich Schneider, Armes Deutschland, a. a. O., S. 98

42 Guido Westerwelle, Ohne Mitte gibt es keinen Sozialstaat, in: Die Welt v. 25.2.2010

Schließlich brach der damalige FDP-Vorsitzende, Bundesaußenminister und Vizekanzler nicht bloß eine Lanze für die *Leistungs*gerechtigkeit, wenn er an das »Lohnabstandsgebot« in der Sozialhilfe erinnerte und gebetsmühlenartig wiederholte: »Leistung muss sich lohnen, und wer arbeitet, muss mehr als derjenige haben, der nicht arbeitet.« Womöglich richteten sich Westerwelles flotte Sprüche am Ende auch gegen ihn selbst, denn natürlich haben Millionen hart arbeitende Menschen in der Bundesrepublik sehr viel weniger Geld zur Verfügung als reiche Müßiggänger, die von Kapitalerträgen, Dividenden, Zinsen oder Mieteinnahmen leben. Schließlich könnte man fragen, ob es gerecht ist, dass Westerwelle im Rahmen seiner regen Vortragstätigkeit bei Unternehmerverbänden, Banken und Versicherungskonzernen in einer Stunde mehr Nebeneinnahmen erzielte als Krankenschwestern, Altenpfleger und Erzieherinnen durch ihre anstrengende Berufstätigkeit in einem ganzen Jahr.

Da soziale und Leistungsgerechtigkeit einander bedingten, war ein »treffsicherer Sozialstaat« für Westerwelle unverzichtbar: »Wir zahlen alle gern Steuern für Bedürftige, aber eben nicht für Findige. Und wir wollen, dass das Geld der Steuerzahler bei den Bedürftigen auch wirklich ankommt. Deswegen ist meine Kritik keine gewesen, die sich gegen Menschen wendet, die es schwer haben, ihr Schicksal zu meistern. Es ist und bleibt eine Kritik am bisherigen System der Sozialstaatsbürokratie.«[43] Westerwelle leugnete jegliche Nähe zum Rechtspopulismus, für den (neo)liberale Parteien spätestens seit den spektakulären Wahlerfolgen der FPÖ um die Jahrtausendwende anfällig sind, wie die antisemitischen Statements des damaligen nordrhein-westfälischen FDP-Landesvorsitzenden Jürgen W. Möllemann im Frühjahr 2002 zeigten,[44] bediente sich jedoch derselben Terminologie wie seinerzeit Jörg

43 Ebd.

44 Vgl. dazu: Michael Naumann (Hg.), »Es muß doch in diesem Lande wieder möglich sein ...«. Der neue Antisemitismus-Streit, München 2002

Haider, wenn er die »Sozialkriminalität« anprangerte und die mangelnde »Treffsicherheit« des Wohlfahrtsstaates beklagte. In der *Bild am Sonntag* behauptete Westerwelle ein knappes halbes Jahr später, die von ihm angestoßene Debatte sei nötig gewesen, das böse Wort vom »anstrengungslosen Wohlstand« habe jedoch gar nicht den Langzeitarbeitslosen gegolten: »Mir ging es um eine Kritik an der mangelnden Treffsicherheit der Sozialstaatsbürokratie, nicht aber um Kritik an Hartz-IV-Empfängern.«[45]

Wie dem auch sei: Neoliberale sind Protagonisten der sozialen Ungleichheit und einer weiteren Lohnspreizung, nicht einer größeren Toleranz gegenüber Armen und Hilfebedürftigen. Der französische Soziologe Loïc Wacquant charakterisiert vielmehr die Janusköpfigkeit des bestehenden Leviathans, wenn er konstatiert, »dass der Neoliberalismus nicht zur Schrumpfung des Staates führt, sondern zur Errichtung eines *Kentaurenstaats*, der oben liberal und unten paternalistisch ist und an den beiden Enden der sozialen Hierarchie jeweils ein radikal anderes Gesicht zeigt: ein wohlgestaltetes und zugewandtes Gesicht für die Mittel- und Oberklasse, eine furchterregende und drohende Fratze für die Unterschicht.«[46] Der straforientierte Umgang mit der Armut führt laut Wacquant »zu einer den Klassengrenzen folgenden Aufsplitterung der bürgerschaftlichen Zugehörigkeit, unterminiert das Vertrauen in den Staat am unteren Ende der sozialen Hierarchie und legt den Keim zur Erosion der republikanischen Grundüberzeugungen. Die Einführung des neuen Regierens mit der sozialen Unsicherheit offenbart letzten Endes, dass *der Neoliberalismus seinem Wesen nach demokratiezersetzend ist.*«[47]

45 »Ja, ich hatte schlaflose Nächte…« – FDP-Chef Guido Westerwelle spricht über sein schweres erstes Jahr als Außenminister, in: Bild am Sonntag v. 15.8.2010

46 Siehe Loïc Wacquant, Bestrafen der Armen. Zur neoliberalen Regierung der sozialen Unsicherheit, Opladen/Farmington Hills 2009, S. 314 (Hervorh. im Original)

47 Ebd., S. 316 (Hervorh. im Original)

4.3 Rechtspopulismus und Armut: Diffamierung von Armen und Relativierung der Armut durch hinkende Vergleiche

Eine politisch-publizistische Stimmungsmache auf Stammtischniveau hilft weder den Armen noch der Gesellschaft insgesamt, untergräbt vielmehr das Vertrauen eines Großteils der Bevölkerung in den Sozialstaat und beschädigt die politische Kultur der Bundesrepublik. Gleichwohl muss Guido Westerwelle zugutegehalten werden, dass er sich im Unterschied zu Thilo Sarrazin vor einer Ethnisierung der sozialen Beziehungen weitgehend hütete, die im Falle des früheren Berliner Finanzsenators die öffentliche Debatte über seine Auffassungen wochenlang bestimmt hat, während das Thema »Armut und Sozialstaatsentwicklung« eher ausgeblendet wurde, obwohl es in Sarrazins Buch breiten Raum einnimmt.

Am 6. September 2010 erschien mit Sarrazins »Deutschland schafft sich ab« das meistverkaufte Sachbuch seit 1945, nachdem der *Spiegel* und die *Bild*-Zeitung für den künftigen Bestseller durch Vorabdrucke daraus eine Woche zuvor bereits einen riesigen Medienhype erzeugt hatten. Nicht zuletzt durch die erschienenen Auszüge bedingt, wurde das Buch in der Öffentlichkeit primär als Publikation zum Problemkreis »Migration und Integration« wahrgenommen.[48] Sarrazin verstand sein Buch, dessen Ausgangspunkt und Entstehungshintergrund entsprechend, viel eher als einen Beitrag zur Diskussion über den deutschen Sozialstaat.[49] Dieser steht bei Sarrazin, der sich teilweise schon während seiner Tätigkeit als Berliner Finanzsenator mehrfach abfällig über Hartz-IV-Empfänger/innen geäußert und ihnen zuletzt geraten hatte, sich – anstatt für teures Geld

48 Vgl. dazu: Sebastian Friedrich (Hg.), Rassismus in der Leistungsgesellschaft. Analysen und kritische Perspektiven zu den rassistischen Normalisierungsprozessen der »Sarrazindebatte«, Münster 2011

49 Vgl. Thilo Sarrazin, Deutschland schafft sich ab. Wie wir unser Land aufs Spiel setzen, München 2010, S. 409

die Wohnung zu heizen – einen warmen Pullover anzuziehen und kalt zu duschen, im Kreuzfeuer der Kritik.

Allerdings machte Sarrazin neben der Unterschicht als solcher vor allem die Migrant(inn)en muslimischen Glaubens, übrigens gerade solche, die hierzulande aufgewachsen und also selbst gar keine Zuwanderer sind, sondern einer ethnischen und religiösen Minderheit angehören, für die finanzielle Überlastung des Wohlfahrtsstaates verantwortlich. »Aufgrund der üppigen Zahlungen des deutschen Sozialstaats ziehen wir eine negative Auslese von Zuwanderern an. Das Transfersystem setzt auf deren Fruchtbarkeit hohe Prämien aus und zieht so die migrantische Unterschicht von morgen heran.«[50] Durch die »Rundumversorgung« korrumpiere unser Sozialsystem die Migrant(inn)en muslimischen Glaubens, indem es eine »Kultur der Hängematte« schaffe. In neoliberaler Manier unterzog Sarrazin, dessen Buch von sozialdarwinistischen, rassistischen und rechtspopulistischen Stereotypen nur so strotzt, die europäischen Muslime einer ökonomischen Kosten-Nutzen-Rechnung: »In jedem Land kosten die muslimischen Migranten aufgrund ihrer niedrigen Erwerbsbeteiligung und hohen Inanspruchnahme von Sozialleistungen die Staatskasse mehr, als sie an wirtschaftlichem Mehrwert einbringen.«[51]

Vermutlich rührte der kommerzielle Erfolg von Sarrazins Buch daher, dass dessen Verfasser seit zwei Jahrzehnten geführte Diskurse wie jene über die Gefährdung des »Standorts Deutschland« und des Wohlstandes unseres Landes durch die Globalisierung, den demografischen Wandel, die Zuwanderung und »Sozialschmarotzer« miteinander verband, bündelte und zuspitzte. Diese Art der Dramatisierung und Skandalisierung gesellschaftlicher Entwicklungsprozesse erlaubte es Sarrazin, als Tabubrecher aufzutreten und die Glaubwürdigkeit der »politi-

50 Ebd., S. 323

51 Ebd., S. 267

schen Klasse« in Zweifel zu ziehen, obwohl er ihr selbst bereits jahrzehntelang angehörte. Offenbar traf der damalige Bundesbank-Vorstand mit seinen polemischen Vorwürfen gegenüber ethnischen und sozial benachteiligten Minderheiten thematisch wie politisch-inhaltlich den neoliberal geprägten, aber auch von Deutschtümelei, nationalistischen Stimmungen und rassistischen Ressentiments nicht freien Zeitgeist der Bundesrepublik.

Sarrazin beschönigte die Armut und bagatellisierte das Problem der wachsenden sozialen Ungleichheit, indem er völlig unangemessene Vergleiche zog. Auf der Zeitachse verglich er die soziale Lage der Armen bzw. Armutsgefährdeten heute und der »Normalbürger« vor 50 Jahren miteinander: »Die Armutsrisikoschwelle [seinerzeit 781 Euro; Ch. B.] in Deutschland ist heute höher als das durchschnittliche Nettoeinkommen der Deutschen auf dem Höhepunkt des Wirtschaftswunders Anfang der sechziger Jahre des vorigen Jahrhunderts.«[52] Auf der geografischen Achse verglich Sarrazin die soziale Lage einheimischer Hartz-IV- bzw. Sozialhilfebezieher/innen mit der Einkommenssituation in weniger entwickelten Industrieländern: »Deutsche Transferempfänger leben wie der durchschnittliche Tscheche, aber deutlich besser als der durchschnittliche Pole und weitaus besser als der durchschnittliche Türke.«[53] Will man den Lebensstandard eines Menschen bestimmen, muss er grundsätzlich in Beziehung zum Wohlstand des Landes gesetzt werden, in dem er lebt, und zwar natürlich zur selben Zeit. Denn wer hier und heute mehr oder weniger arm ist, vergleicht sich völlig zu Recht weder mit einem Durchschnittsverdiener, der in Tschechien, Polen, der Türkei oder anderswo lebt, noch mit einem Deutschen, der vor Jahrzehnten auf einem gleichfalls geringen Wohlstandsniveau lebte, sondern mit jenen Zeitgenoss(inn)en, die teilweise viel mehr haben als er selbst.

---

52 Ebd., S. 105

53 Ebd., S. 148

Da er die strukturellen Zusammenhänge ausblendet und Armut deshalb auch nicht als gesellschaftlich bedingt erkennt, neigt Sarrazin zur Individualisierung, Moralisierung und Subjektivierung des Problems. Letztlich hält er Armut eher für ein mentales Phänomen: »Nicht die materielle, sondern die geistige und moralische Armut ist das Problem.«[54] Folgt man Sarrazin, führt Dummheit zur Armut, denn die Intelligenz der Menschen korreliert seiner Meinung nach stark mit ihrer Schichtzugehörigkeit und entscheidet angeblich über Chancen des sozialen Aufstiegs: »So gibt es eine 90-prozentige Wahrscheinlichkeit, dass ein Kind aus einer armen Unterschichtfamilie mit einem Durchschnitts-IQ von 100 der Armut entkommt, während es gut sein kann, dass ein dümmeres Kind aus einer Mittelschichtfamilie in Armut gerät.«[55] Zweifellos verhindern Bildungsdefizite vielfach, dass junge Menschen auf einem flexibilisierten Arbeitsmarkt sofort Fuß fassen. Auch führt die Armut von Familien häufig dazu, dass deren Kinder keine weiterführende Schule besuchen oder sie ohne Abschlusszeugnis wieder verlassen. Der umgekehrte Effekt ist hingegen kaum signifikant: Ein schlechter oder fehlender Schulabschluss verringert zwar die Erwerbschancen, wirkt sich aber kaum nachteilig auf den Wohlstand einer Person aus, wenn diese vermögend ist oder Kapital besitzt. Sarrazin vertauschte augenscheinlich Ursache und Wirkung miteinander: Armut macht zwar auf die Dauer eher dumm, Dummheit aber keineswegs arm.

Hartz-IV-Bezug ist laut Sarrazin nicht mit Armut gleichzusetzen, schließt sie im Gegenteil sogar aus, erscheint ihm doch das Arbeitslosengeld II eher noch als zu hoch: »Das in Deutschland garantierte Mindesteinkommen ist nicht anstößig niedrig, sondern kommt den unteren Arbeitseinkommen an-

54 Ebd., S. 123

55 Ebd., S. 99

stößig nahe.«[56] Dass man, um dem viel beschworenen »Lohnabstandsgebot« zu genügen, bloß mittels eines ausreichend hohen gesetzlichen Mindestlohnes dafür sorgen müsste, dass der Niedriglohnsektor hierzulande eingedämmt wird, ignoriert Sarrazin. Stattdessen setzt er in der Arbeitsmarktpolitik auf das US-amerikanische »Workfare«-Konzept, fordert die Erhöhung des Drucks auf Erwerbslose und sympathisiert offen mit einer grundgesetzwidrigen Arbeitspflicht für Transferleistungsempfänger/innen, wie sie der damalige hessische CDU-Vorsitzende und Ministerpräsident Roland Koch kurz vor dem Urteil des Bundesverfassungsgerichts zu Hartz IV vorgeschlagen hatte: »Wenn Millionen von Bürgern, die jeden Tag hart arbeiten, sehen, dass sie ohne jede eigene Anstrengung folgenlos annähernd das gleiche Einkommen erhalten könnten wie diejenigen, die sich nicht anstrengen und das System ausnutzen, dann ist das nichts anderes als die Perversion des Sozialstaatsgedankens.«[57]

Schuld an der Misere von Sozialstaat und Gesellschaft haben für Sarrazin, der überall »Zeichen des Verfalls« witterte, Zuwanderer und Mitglieder der (einheimischen) Unterschicht, durch die Deutschland letztlich immer ärmer und dümmer werde. Dass es sich bei der von ihm auf kulturelle Faktoren geschobenen und maßlos überschätzten Abschottung der zugewanderten Muslime primär gar nicht um eine Form ethnischer, sondern um eine Manifestation sozialökonomischer Segregation handelt, verkennt Sarrazin. Dabei leiden Mehrkinder- und Migrantenfamilien, besonders solche ohne befriedigenden Aufenthaltsstatus, sehr stark unter sozialer Unsicherheit, Existenzangst und materieller Not.[58]

---

56 Ebd., S. 86

57 Roland Koch, Das Solidarprinzip ernst nehmen, in: FAZ v. 22.1.2010

58 Vgl. dazu: Carolin Butterwegge, Armut von Kindern mit Migrationshintergrund, Wiesbaden 2010

5.
Scheinbare und wirkliche Alternativen zur Armut

Während der Bundestag am 9. Juli 2004 das *Vierte Gesetz für moderne Dienstleistungen am Arbeitsmarkt* verabschiedete, konstituierte sich mit dem Netzwerk Grundeinkommen (www.grundeinkommen.de) in Berlin ein Zusammenschluss hierzulande dafür eintretender Organisationen, Initiativen und Einzelpersonen als deutscher Zweig des Basic Income Earth Network (BIEN). Dass viele Arbeitslosengeld-II-Bezieher/innen, die unter dem bürokratischen Antragsverfahren, den Schikanen und Kontrollmaßnahmen ihres Jobcenters sowie den Sanktionsdrohungen des Hartz-IV-Systems leiden,[1] große Sympathie für diese (Schein-)Lösung empfinden, lässt sich ebenso gut verstehen wie die Tatsache, dass Betroffeneninitiativen, Arbeitslosenverbände und Frauenorganisationen damit sympathisieren. Denn die leidige Bedürftigkeitsprüfung sowie die Anrechnung des Partnereinkommens auf die Transferleistung würden entfallen, weil alle Wohnbürger/innen das Grundeinkommen bekämen und sich damit die Hoffnung auf eine längst überfällige eigenständige soziale Sicherung der Frau, die fast so alt ist wie der Wohlfahrtsstaat selbst, erfüllen ließe. Trotzdem sprechen triftige Gründe gegen das bedingungslose Grundeinkommen, wie im Folgenden zu zeigen sein wird.[2]

1 Vgl. dazu: Inge Hannemann, Die Hartz-IV-Diktatur. Eine Arbeitsvermittlerin klagt an, Reinbek bei Hamburg 2015; Dieter Gräbner, Hartz IV ist der soziale K.o., Saarbrücken 2016

2 Vgl. ergänzend: Christoph Butterwegge / Kuno Rinke (Hg.), Grundeinkommen kontrovers. Plädoyers für und gegen ein neues Sozialmodell, Weinheim/Basel 2018

5.1 Konzepte und Modelle eines bedingungslosen Grundeinkommens (BGE)

Mittlerweile gibt es eine Vielzahl von Modellen, die sich als (nicht immer: bedingungsloses) Grundeinkommen verstehen oder zumindest als solches klassifizieren lassen.[3] Da hier schon aus Platzmangel nicht alle Konzepte vorgestellt und einer kritischen Würdigung unterzogen werden können, erfolgt eine Selbstbeschränkung auf jene Ansätze, die den größten Rückhalt in der (Medien-)Öffentlichkeit finden und deshalb noch am ehesten die Chance hätten, realisiert zu werden.

Das mit Abstand medienwirksamste Modell eines bedingungslosen Grundeinkommens stammt von Götz W. Werner, dem anthroposophisch orientierten Gründer der *dm*-Drogeriemarktkette. Dieser äußerst erfolgreiche Karlsruher Unternehmer wurde einer breiteren Öffentlichkeit durch ein Interview bekannt, das der *stern* am 20. April 2006 veröffentlichte und die prägnante Feststellung »Hartz IV ist offener Strafvollzug« enthielt.[4] Gerhard Willke, damals Professor an der Hochschule für Wirtschaft und Umwelt Nürtingen-Geislingen, sprach diesbezüglich von einer »extremistischen Bewertung« und hielt Werner entgegen, Hartz IV sei ganz im Gegenteil eine große Errungenschaft, ohne die das deutsche »Jobwunder« der jüngsten Vergangenheit nicht zustande gekommen wäre.[5]

---

3 Vgl. den Überblick bei Ronald Blaschke, Aktuelle Ansätze und Modelle von Grundsicherungen und Grundeinkommen in Deutschland. Vergleichende Darstellung, in: ders. / Adeline Otto / Norbert Schepers (Hg.), Grundeinkommen. Geschichte – Modelle – Debatten, Berlin 2010, S. 341 ff.

4 Arno Luik, »Das manische Schauen auf Arbeit macht uns alle krank«, in: stern 17/2006, S. 178

5 Siehe Gerhard Willke, Armut – was ist das?, Eine Grundsatzanalyse, Hamburg 2011, S. 213

Entgegen dieser Fehleinschätzung wurde Götz W. Werner durch seine Fundamentalkritik an Hartz IV und sein Plädoyer für ein bedingungsloses Grundeinkommen bei einem Großteil der Arbeitslosengeld-II-Empfänger/innen zu einer Galionsfigur, obwohl er aufgrund seines riesigen Vermögens wenig Berührungspunkte zu ihrem Alltag hat. Zuerst nannte Werner 1.500 Euro als Betrag, der als Grundeinkommen gezahlt werden sollte.[6] Später forderte er in seinem zusammen mit der früheren Berliner Kultur- und Wissenschaftssenatorin Adrienne Goehler veröffentlichten Buch gleichen Titels bloß noch »1000 € für jeden«, über deren Finanzierung sich der Autor und seine Koautorin jedoch nicht einig waren.[7]

Für Werner bildet das bedingungslose Grundeinkommen nur den Hebel zur Durchsetzung einer weiteren drastischen Steuerentlastung von Unternehmen. Unter dem Motto »Ausgaben- statt Einkommensteuer!« begründet Werner, warum ausschließlich eine reine Konsumsteuer sozial gerecht ausgestaltet werden könne und zeitgemäß sei: »Die Mehrwertsteuer hat (...) als einzige Steuer einen gesamt-, ja weltwirtschaftlichen Charakter. Man könnte sagen, dass sie die adäquate Steuer für eine hochgradig arbeitsteilige Gesellschaft und eine globalisierte Welt ist.«[8]

So nützlich die Mehrwertsteuer etwa für einen (Handels-) Unternehmer sein mag, der sie einfach auf die Preise umlegt, auf seine Kund(inn)en abwälzt und als durchlaufenden Posten behandelt, so wenig berücksichtigt sie die unterschiedliche finanzielle Leistungs- bzw. Zahlungsfähigkeit der einzelnen Gesellschaftsmitglieder. Selbst wenn man die Steuersätze stärker ausdifferenziert, also z. B. Grundnahrungsmittel nied-

6 Vgl. Götz W. Werner, Einkommen für alle, Köln 2007, S. 220

7 Vgl. ders. / Adrienne Goehler, 1000 € für jeden. Freiheit. Gleichheit. Grundeinkommen, Berlin 2010, S. 226

8 Götz W. Werner, Einkommen für alle, a. a. O., S. 207

rig oder gar nicht, andere Güter höher und Luxusgüter bei Weitem am höchsten besteuert, wird aus einer Konsumsteuer kein sozial gerechtes Steuerungsinstrument. »Indirekte Steuern belasten die unteren Einkommensgruppen weit mehr als die oberen. Daran ändert auch wenig, dass Werner Kaviar höher besteuern will als Milch. Befreit von jeder Form der Steuerprogression oder von Erbschaft- und Vermögensteuer würde sich die Umverteilung von unten nach oben beschleunigen und könnte mit dem Verweis auf das ja schließlich allen gewährte Grundeinkommen eine gewisse Legitimität in Anspruch nehmen.«[9]

Wolfgang Engler, damals Rektor der Schauspielhochschule »Ernst Busch« in Berlin, plädierte für eine »Sozialdividende« und schlug zum Zweck ihrer Finanzierung ebenfalls *indirekte* Steuern vor. Über die Mehrwertsteuer schwärmte er unter Berufung auf Lester Thurow: »Sie wird auf alle Waren erhoben, auch auf die importierten, und zieht daher (anders als bei Abgaben und direkten Steuern) keine Wettbewerbsnachteile für die je einheimische Volkswirtschaft nach sich.«[10] Folgt man weniger der Standortlogik als sozialen Gerechtigkeitskriterien, kommt die Mehrwertsteuer als Finanzierungsquelle für Sozialtransfers kaum in Betracht, weil sie besonders kinderreiche Familien trifft, die in Relation zu ihrem niedrigen Einkommen einen relativ hohen Konsumgüterbedarf haben, während ihr Wohlhabende schon wegen häufigerer Aufenthalte in Ländern ohne Grundeinkommen und vergleichbar hohe Steuersätze leichter ausweichen könnten. Möglicherweise würde ein Topmanager seiner Gattin den nächsten Pelzmantel oder Brillantring fortan auf den britischen Kanalinseln, den Bermudas oder

9 Hermann Theißen, Grundeinkommen, in: Gabriele Gillen/Walter van Rossum (Hg.), Schwarzbuch Deutschland. Das Handbuch der vermissten Informationen, Reinbek bei Hamburg 2009, S. 332

10 Wolfgang Engler, Bürger, ohne Arbeit. Für eine radikale Neugestaltung der Gesellschaft, Berlin 2005, S. 371 f.

den Bahamas kaufen; der heutige Hartz-IV- und künftige Grundeinkommensbezieher müsste hingegen alles, was er sich überhaupt leisten kann, wie bisher in seinem Stadtviertel kaufen, denn seine Mobilität ist und bleibt aufgrund fehlender Ressourcen beschränkt.

Ähnlich wie Engler beschwört Werner das Grundeinkommen zwar pathetisch als »Bürgerrecht«, versteht darunter aber letztlich nur einen »bar ausgezahlten Steuerfreibetrag«, der nötig ist, weil in seinem Modell alle direkten Steuern entfallen, was nicht die Armen, sondern die Vermögenden – besonders Milliardäre wie ihn selbst – entlasten würde. Wenn man das Grundeinkommen als bloße »Rücküberweisung des Grundfreibetrages« interpretiert, wie dies Werner tut,[11] degeneriert es zum Abfallprodukt einer bestimmten steuerpolitischen Reformkonzeption, die eine Restauration früherer Gesellschaftszustände darstellen würde. Gleichzeitig müssten normale Arbeitnehmer/innen und Menschen, die auf das Grundeinkommen zur Existenzsicherung angewiesen sind, beim Werner-Modell mit einer Mehrwertsteuer in Höhe von 50 bis 100 Prozent rechnen und wahrscheinlich dramatische Steigerungen der Lebenshaltungskosten verkraften.

Der ehemalige thüringische Ministerpräsident Dieter Althaus (CDU) bezeichnete sein Modell, das er im Sommer 2006 vorlegte, als »Solidarisches Bürgergeld«, weil es gerecht sei, die Existenz sämtlicher Staatsbürger/innen bedingungslos zu sichern und der Massenerwerbslosigkeit durch Entkopplung von Arbeitsmarkt und sozialer Sicherung entgegenzuwirken.[12] Nach diesem Konzept würde jedes Kind 300 Euro, jede/r Volljährige 600 Euro im Monat und jede/r Erwachsene ab

11 Siehe Götz W. Werner, Einkommen für alle, a.a.O., S. 211

12 Vgl. Dieter Althaus, Das Solidarische Bürgergeld. Sicherheit und Freiheit ermöglichen Marktwirtschaft, in: Michael Borchard (Hg.), Das Solidarische Bürgergeld – Analyse einer Reformidee, Stuttgart 2007, S. 2

dem 67. Lebensjahr außerdem eine Zusatzrente bis zur selben Höhe je nach Art der früheren Erwerbstätigkeit erhalten. Ergänzend gäbe es eine Gutschrift von 200 Euro als Gesundheits- und Pflegeprämie. Behinderte und Bürger/innen in einer besonderen Lebenslage, etwa Alleinerziehende, könnten einen »Bürgergeldzuschlag« beantragen, der sich nach dem individuellen Bedarf richtet. Alle übrigen Sozialleistungen, beispielsweise Wohn-, Kinder- und Elterngeld, entfielen genauso wie sämtliche Sozialversicherungsbeiträge. Arbeitgeber würden stattdessen für ihre Beschäftigten eine Lohnsummensteuer zwischen 10 und 12 Prozent entrichten. Finanziert werden soll das Bürgergeld überdies durch eine pauschale Erhöhung der Einkommensteuer auf 50 Prozent, die mit dem Bürgergeld verrechnet wird. Ab einer bestimmten Einkommenshöhe (1.600 Euro) würde sich das Bürgergeld halbieren, während die Bezieher/innen höherer Einkommen umgekehrt nur 25 Prozent Steuern bezahlen müssten.

Die bündnisgrünen Wissenschaftler Michael Opielka und Wolfgang Strengmann-Kuhn haben das Konzept des Solidarischen Bürgergeldes im Auftrag der Konrad-Adenauer-Stiftung auf seine Finanzierbarkeit überprüft. In ihrem Gutachten kamen sie zu dem Ergebnis, dass zwar einige weitere Modifikationen nötig, die Grundlinien von Althaus' Konzept aber durchweg stimmig seien. Solidarisch kann man das Modell allerdings kaum nennen, liegt es doch »deutlich unter der von der EU festgelegten Armutsgrenze« (seinerzeit: 935 Euro), wie auch Opielka und Strengmann-Kuhn konstatierten.[13]

Am 1. November 2010 stellte Dieter Althaus, inzwischen Vizepräsident des Autozulieferers Magna, gemeinsam mit seinem

13 Siehe Michael Opielka/Wolfgang Strengmann-Kuhn, Das Solidarische Bürgergeld. Finanz- und sozialpolitische Analyse eines Reformkonzepts. Studie im Auftrag der Konrad-Adenauer-Stiftung, in: Michael Borchard (Hg.), Das Solidarische Bürgergeld – Analyse einer Reformidee, a. a. O., S. 109

Ex-Staatssekretär Hermann Binkert die Arbeitsergebnisse einer von der CDU-Spitze eingesetzten und von ihm selbst geleiteten Kommission »Solidarisches Bürgergeld« vor. Demnach sollen alle Bürger/innen monatlich 600 Euro erhalten, von denen allerdings 200 Euro gleich wieder für eine »Gesundheits- und Pflegeprämie« abgezweigt würden, während ein gesonderter »Bürgergeldzuschlag« beantragt werden müsste, um die Kosten für Unterkunft und Heizung erstattet zu bekommen. Selbiges gilt für besondere Bedarfe wie Pflegebedürftigkeit und Behinderung. Finanziert werden soll das Solidarische Bürgergeld durch eine für alle gleiche (»Solidarische«) Einkommensteuer in Höhe von 40 Prozent, die mit dem Bürgergeld verrechnet würde. Bis zu einer bestimmten Einkommenshöhe (18.000 Euro pro Jahr) würde man Zuwendungen des Finanzamtes im Sinne einer »negativen Einkommensteuer« erhalten; wer darüber läge, würde zum Nettozahler. Sozialversicherungsbeiträge würden entfallen.

Da die Unternehmen bloß noch eine »Lohnsummenabgabe« in Höhe von 18 Prozent zahlen müssten, wären sie die eigentlichen Gewinner der Reform. Arbeitgeber würden aus der paritätischen Beitragspflicht entlassen und durch die geplante »flat tax« (Einheitssteuer) als Spitzeneinkommensbezieher doppelt entlastet. Althaus geht es im Wesentlichen darum, das »Lohnabstandsgebot« zu wahren und die Personalzusatzkosten der Unternehmen zu senken. Außerdem ließ er gleichfalls Sympathien für eine Verschiebung von Einkommen- zu Konsumsteuern erkennen und plädierte unter Berufung auf Ludwig Erhard für eine Befreiung der Wirtschaftssubjekte von staatlichen Regulierungszwängen: »Das Solidarische Bürgergeld stärkt Kreativität und Risikobereitschaft, es stärkt auch Eigenverantwortung und Wettbewerb.«[14]

---

14 Dieter Althaus, Einführung, in: ders./Hermann Binkert (Hg.), Solidarisches Bürgergeld. Den Menschen trauen – Freiheit nachhaltig und ganzheitlich sichern, 2. Aufl. Norderstedt 2010, S. 12

Sozialer als der bestehende Wohlfahrtsstaat ist das CDU-Bürgergeldmodell kaum, läge sein Zahlbetrag doch nur geringfügig über dem Hartz-IV-Niveau. Statt den konkreten Bedarf von Hilfesuchenden festzustellen und ihn mittels eines differenzierten Sozialleistungssystems zu erfüllen, würde der Staat nur mehr eine Sozialpolitik nach dem Gießkannenprinzip betreiben. Eine solche Gleichbehandlung aller Bürger/innen führt zwangsläufig zu individueller Ungerechtigkeit, weil sie gerade die Menschen in den schwierigsten Lebenslagen benachteiligt. Dass pauschalierte Leistungen wie das Solidarische Bürgergeld dem Einzelfall nicht immer gerecht werden, zeigt die Schlechterstellung von Arbeitslosengeld-II-Empfänger(inne)n mit Kindern durch den Wegfall einmaliger Beihilfen (etwa für die Reparatur oder die Neuanschaffung einer Waschmaschine) mit Einführung von Hartz IV.[15]

Als das Gesetzespaket am 1. Januar 2005 in Kraft trat, wurde den Menschen die »Zusammenlegung von Arbeitslosen- und Sozialhilfe« versprochen, in Wahrheit jedoch mit der Arbeitslosenhilfe das Prinzip der Lebensstandard- bzw. Statussicherung für Langzeiterwerbslose abgeschafft und das Arbeitslosengeld II eingeführt, welches kaum mehr als das physische Existenzminimum abdeckt. Bei den Befürworter(inne)n eines »Bürgergeldes« ist heute von einer »Zusammenfassung« aller steuerfinanzierten Sozialleistungen die Rede. Angeführt werden in diesem Zusammenhang das Arbeitslosengeld II, das Sozialgeld, die Sozialhilfe, die Grundsicherung im Alter, der Kinderzuschlag und das Wohngeld, obwohl das Kindergeld und das Elterngeld in denselben Kontext gehören. Zu befürchten steht, dass über kurz oder lang alle genannten und womöglich noch weitere Sozialleistungen abgeschafft würden.

---

15 Vgl. Christoph Butterwegge / Michael Klundt / Matthias Belke-Zeng, Kinderarmut in Ost- und Westdeutschland, 2. Aufl. Wiesbaden 2008, S. 124 f.

Was auf den ersten Blick einfach, großzügig und sozial gerecht erscheint, entpuppt sich bei genauerem Hinschauen als eine politische Mogelpackung. Das Solidarische Bürgergeld stellt nur eine Pauschalierung bestehender Transferleistungen dar, würde das bisherige Sicherungsniveau für Millionen Menschen per Saldo senken und den Wohlfahrtsstaat weder entlasten noch sinnvoll umstrukturieren. Letztlich würde das bedingungslose Grundeinkommen als ein Kombilohn für alle wirken. Weil das Existenzminimum seiner Bezieher/innen gesichert wäre, könnten diese noch schlechter entlohnte Jobs annehmen, wodurch den Unternehmen mehr preiswerte Arbeitskräfte zur Verfügung stünden und die Gewinne noch stärker steigen würden.

Das bedingungslose Grundeinkommen wird zwar manchmal als einzig mögliche Antwort auf die vermeintliche »Krise der Arbeitsgesellschaft« bzw. neuerdings auf den Prozess der Digitalisierung betrachtet,[16] diese Begründung für seine Einführung erweist sich jedoch als grotesk, soweit dadurch Niedrigstlöhne salonfähig gemacht würden. Einige neoliberale Ökonomen verbinden mit dem Grundeinkommen außerdem die Hoffnung, weitreichende Deregulierungskonzepte durchsetzen zu können. Das bis 2014 von Thomas Straubhaar geleitete Hamburgische Weltwirtschaftsinstitut (HWWI) etwa ging in seiner Studie »Bedingungsloses Grundeinkommen und Solidarisches Bürgergeld – mehr als sozialutopische Konzepte« nicht bloß davon aus, dass »alle steuer- und abgabenfinanzierten Sozialleistungen abgeschafft« würden, sondern schlug darüber hinaus vor, »alle sozialpolitisch motivierten Regulierungen des Arbeitsmarktes« zu streichen: »Es gibt keinen Schutz gegen Kündigungen mehr, dafür aber betrieblich zu vereinbarende Abfindungsregeln. Es

16 Vgl. z. B. Manuel Franzmann (Hg.), Bedingungsloses Grundeinkommen als Antwort auf die Krise der Arbeitsgesellschaft, Weilerswist 2010; »Der Unterschied zwischen Mensch und Computer wird in Kürze aufgehoben sein«. Interview mit Timotheus Höttges, in: Die Zeit v. 30.12.2015

gibt keinen Flächentarifvertrag mehr und auch keine Mindestlöhne, sondern von Betrieb zu Betrieb frei verhandelbare Löhne. Es gibt keine Sozialklauseln mehr. Die heute zu leistenden Abgaben an die Sozialversicherungen entfallen vollständig.«[17]

Was vielen Erwerbslosen als »Schlaraffenland ohne Arbeitszwang« erscheint, wäre in Wirklichkeit ein Paradies für Unternehmer, in dem Arbeitnehmer/innen weniger Rechte als bisher hätten und Gewerkschaften keine (Gegen-)Macht mehr entwickeln könnten. Peter Bofinger, gewerkschaftsnahes Mitglied im Sachverständigenrat zur Begutachtung der gesamtwirtschaftlichen Entwicklung, schmähte das bedingungslose Grundeinkommen denn auch als »Sargnagel für den Sozialstaat«, weil dieser dadurch unbezahlbar und zu einem »Almosenstaat« verkümmern würde: »Gefährlich am Konzept des bedingungslosen Grundeinkommens ist das Nebeneinander von unbezahlbaren staatlichen Transfers mit einem völligen Kahlschlag bei den bisherigen sozialen Sicherungssystemen. Im Falle der Umsetzung ist die Wahrscheinlichkeit hoch, dass dann aufgrund der finanziellen Restriktionen sämtliche staatlichen Leistungen auf einem Niveau fixiert würden, das noch unter dem heutigen Niveau des Arbeitslosengeldes II liegen würde.«[18]

5.2
Sozialpolitik nach dem Gießkannenprinzip oder: Was gegen das BGE spricht

Politisch interessant und gesellschaftlich relevant wird das BGE durch seine bunt zusammengesetzte Anhängerschaft, die von

17 Ingrid Hohenleitner/Thomas Straubhaar, Bedingungsloses Grundeinkommen und Solidarisches Bürgergeld – mehr als sozialutopische Konzepte, in: ders. (Hg.), Bedingungsloses Grundeinkommen und Solidarisches Bürgergeld – mehr als sozialutopische Konzepte, Hamburg 2008, S. 20f.

18 Peter Bofinger, Ist der Markt noch zu retten? – Warum wir jetzt einen starken Staat brauchen, Berlin 2009, S. 215

manchen Vertreter(inne)n der Unionsparteien über erhebliche Teile der Bündnisgrünen, einzelne Sozialdemokrat(inn)en, Männer der Kirchen, neoliberale Ökonomen und sogar einen prominenten Großunternehmer bis zur äußersten Linken reicht. Ein so breit gefächertes politisches Spektrum verbindet mit dieser Idee natürlich ganz unterschiedliche, teilweise sogar gegensätzliche Absichten: »Während man am linken Rand die Erlösung des Prekariats aus kapitalistischer Lohnsklaverei und Armut sucht, zielt der rechte Rand auf die Befreiung des Kapitals von den Fesseln der Sozialstaatlichkeit.«[19]

Ein Autorenteam um Heiner Flassbeck, unter Oskar Lafontaine kurzzeitig Staatssekretär im Bundesfinanzministerium und später Chef-Volkswirt der UN-Organisation für Welthandel und Entwicklung (UNCTAD), hält das BGE für ausgesprochen gefährlich, weil es bei Teilen des rechten politischen Spektrums die Illusion schaffe, mit einem (möglichst niedrigen) »Einkommen für alle« darüber hinausreichende Verteilungsfragen auf Dauer zu unterbinden und so dem neoliberalen Ziel näher zu kommen, dass die »Tüchtigen« erhalten, was sie am Markt erringen, während es auf der Linken die Illusion nähre, sowohl die Armut erfolgreich zu bekämpfen wie auch die Umwelt zu retten und die Frage nach den »wahren Werten« des Lebens sinnvoll zu beantworten.[20] Heiner Flassbeck, Friederike Spiecker, Volker Meinhardt und Dieter Vesper sehen den entscheidenden Konstruktionsfehler aller BGE-Modelle darin, dass sie die materiellen Grundlagen, denen sich ihre Existenz verdankt, durch die Bedingungslosigkeit des Anspruchs auf ein Grundeinkommen selbst untergraben. »Das bedingungslose

19 Daniel Kreutz, Bedingungslose Freiheit? – Warum die Grundeinkommensdebatte den Freunden des Kapitalismus in die Hände spielt, in: Blätter für deutsche und internationale Politik 4/2010, S. 66

20 Siehe Heiner Flassbeck u. a., Irrweg Grundeinkommen. Die große Umverteilung von unten nach oben muss beendet werden, Frankfurt am Main 2012, S. 9

Grundeinkommen krankt daran, dass es – anders als die derzeit gültigen Umverteilungsregeln – die von ihm vorausgesetzte ökonomische Basis *systematisch* zerstört.«[21]

Ein progressiveres Konzept entwickelte die Bundesarbeitsgemeinschaft (BAG) Grundeinkommen in und bei der Partei DIE LINKE. Sie erhofft sich davon mehr Verteilungsgerechtigkeit, die Verhinderung von Armut und mehr Selbstbestimmung jenseits der Erwerbsarbeitswelt als emanzipatorischen Haupteffekt ihres Modells. Mit ihren zwei Varianten einer von der Entwicklung des Volkseinkommens abhängigen Sozialdividende, die sie favorisiert, einerseits sowie einer negativen Einkommensteuer (NES) andererseits, die nur in der Auszahlweise differieren, trägt die LINKE-BAG Grundeinkommen allerdings zur wachsenden Unübersichtlichkeit der Modellpalette bei.[22]

Wird das BGE in der Gestalt einer »negativen Einkommensteuer« realisiert, ersetzt das Finanzamt das Jobcenter als Kontrollbehörde, sodass von Emanzipation kaum die Rede sein kann; wird das BGE in der Form einer »Sozialdividende« verwirklicht, mit der andere Einkommen voll kumulierbar sind, ist es praktisch nicht finanzierbar. Auf ungleiche Einkommens- und Vermögensverhältnisse wird mit der Forderung nach einer Geldzahlung in gleicher Höhe reagiert. Dabei muss Gleiches gleich und Ungleiches ungleich behandelt werden, soll es gerecht zugehen. Durch seine gigantischen Kosten für den Staatshaushalt verschärft das bedingungslose Grundeinkommen sogar das Problem der öffentlichen Verarmung – zur Zeit der

---

21 Siehe ebd., S. 36 (Hervorh. im Original)

22 Vgl. Stefan Wolf, Das emanzipatorische Grundeinkommen der BAG Grundeinkommen in und bei der Partei DIE LINKE. Konzept für ein bedingungsloses Grundeinkommen (BGE) in zwei Varianten: als Sozialdividende und als negative Einkommensteuer (NES), in: Bundesarbeitsgemeinschaft Grundeinkommen in und bei der Partei DIE LINKE (Hg.), Bedingungsloses Grundeinkommen. Vollständig überarbeitete Auflage mit neuem Konzept, Berlin, Mai 2014, S. 29 ff.

im Grundgesetz verankerten »Schuldenbremse« und des Fiskalpakts ein nicht zu vernachlässigendes Problem.

Es ist ein Irrwitz zu glauben, der Kommunismus (»Jeder nach seinen Fähigkeiten, jedem nach seinen Bedürfnissen!«) lasse sich nach dem Vorbild eines Lottogewinners oder eines reichen Müßiggängers im Rahmen des Finanzmarktkapitalismus verwirklichen. Kapitalismus ohne Arbeitszwang ist vielmehr wie ein Gefängnis ohne Gitterstäbe und Mauern – beides gibt es nicht. Zu verwirklichen wäre das BGE auch nur mittels seiner Begrenzung auf den Nationalstaat und im Falle des Ausschlusses von Zuwanderern. Das strenge Armutsregime namens »Hartz IV« würde also transformiert in ein noch rigideres Grenz- und Migrationsregime.

Heiner Flassbeck, Friederike Spiecker, Volker Meinhardt und Dieter Vesper kritisieren an dem BAG-Modell, dass es in einem logischen Widerspruch zum Mindestlohn stehe: »Entweder ist der Mindestlohn so niedrig (zum Beispiel zehn Euro), dass zwar noch entsprechende Arbeitsplätze angeboten werden, aber kaum einer auf ihnen arbeiten will, oder er ist hoch genug, dass viele Geringqualifizierte bereit sind, für diesen Mindestlohn arbeiten zu gehen, aber es werden kaum noch entsprechende Stellen angeboten.«[23] Tatsächlich verhalten sich Mindestlohn und BGE zueinander wie Feuer und Wasser: Wenn der Staat das Existenzminimum und die gesellschaftliche Teilhabe für alle Wohnbürger/innen garantiert, können Arbeitnehmer/innen keinen Anspruch mehr auf Lohn in einer die physische Existenz und die gesellschaftliche Teilhabe sichernden Höhe erheben. Auch der Sozial(versicherungs)staat und das BGE verhalten sich zueinander wie Feuer und Wasser: Wenn alle Wohnbürger/innen auf einem das sozioökonomische Existenzminimum garantierenden Niveau abgesichert wären, würden nicht bloß die steuerfinanzierten Fürsorge-

23 Heiner Flassbeck u. a., Irrweg Grundeinkommen, a. a. O., S. 76

leistungen entfallen, vielmehr auch die Sozialversicherungen weitgehend überflüssig, die vor den Standardlebensrisiken schützen sollen.

Ein bedingungsloses Grundeinkommen bräche mit der Bismarck'schen Tradition eines überwiegend paritätisch von Arbeitnehmer(inne)n und Arbeitgebern über Beiträge finanzierten Sicherungssystems. Hinzu kommt, dass ein von der Erwerbsarbeit abgekoppeltes Grundeinkommen den öffentlichen Druck, die Massenarbeitslosigkeit konsequent zu bekämpfen, mindern würde. Selbst wenn die Erwerbslosen damit materiell besser als bisher abgesichert wären, bliebe das Problem ihrer sozialen Exklusion bestehen. Wer in einer kapitalistischen Arbeitsgesellschaft wie der unseren erwerbslos bzw. in einem so reichen Land arm ist, wird als Faulenzer, Drückeberger oder Sozialschmarotzer verachtet und ausgegrenzt. Deshalb sollte man das Kind auch nach Ulrich Schneiders Meinung nicht mit dem Bade ausschütten: »Nötig sind zwar weitreichende, aber keine systemersetzenden Reformen. Es geht darum, Arbeitslosenversicherung und Rentenversicherung so aus- und umzubauen, dass sie im Ergebnis armutsfest sind und dem Sozialstaat trotz seiner neuen Herausforderungen wieder Stabilität verleihen.«[24]

Zweifellos stellt die Refinanzierung eines bedingungslosen Grundeinkommens die Achillesferse aller vorliegenden Konzepte dar. Entweder müssen gewaltige Finanzmassen bewegt werden – zahlt der Staat seinen Bürger(inne)n 1.000 Euro im Monat, muss er dafür ca. 1 Billion Euro pro Jahr aufwenden, d.h. weit mehr, als das Gesamtsteueraufkommen von Bund, Ländern und Gemeinden beträgt –, oder Besserverdienenden und Vermögenden wird der ausgezahlte Betrag wieder wegbesteuert. Wenn das Finanzamt denjenigen, die aufgrund ihres Wohlstandes gar kein Grundeinkommen benötigen, die dafür

---

24 Ulrich Schneider, Armes Deutschland. Neue Perspektiven für einen anderen Wohlstand, Frankfurt am Main 2010, S. 216

erforderlichen Mittel aber wieder entzieht, ist es nicht bedingungslos, sondern an die Bedingung prekärer Einkommensverhältnisse seiner Bezieher/innen geknüpft. Unter dieser Voraussetzung würden die Finanzbeamten vermutlich das tun, was Hartz-IV-Initiativen jetzt den Jobcentern vorwerfen, nämlich in teilweise rücksichtsloser und schikanöser Art prüfen, ob die Antragsteller/innen auch keine verdeckten Erwerbsquellen (Schwarzarbeit o. Ä.) haben. Gewonnen wäre also wenig, und die Hoffnung, als Erwerbslose/r ohne Kontrolldruck und Repressalien leben zu können, allemal dahin.

Auch die Ausgabenseite ist jedoch keineswegs geklärt, denn eine Sozialpolitik nach dem Gießkannenprinzip wäre genauso ungerecht wie eine Regierungspolitik nach dem Matthäus-Prinzip. Was egalitär wirkt, ist höchst elitär: Man kann Milliardären nicht denselben (Grundeinkommens-)Betrag zahlen wie Müllwerkern und Flaschensammlerinnen, ohne die bestehende Verteilungsschieflage zu legitimieren und zu zementieren. Anders formuliert: Wer die soziale Ungleichheit verringern und die Armut wirksam bekämpfen will, muss Umverteilung betreiben und den privaten Reichtum antasten. Genau dies tut das bedingungslose Grundeinkommen nicht, weshalb es auch für Großunternehmer wie Götz Werner und Spitzenmanager wie Timotheus Höttges (Vorstandsvorsitzender der Deutschen Telekom AG) einen gewissen Charme besitzt.

Politisch am ehesten durchsetzbar, weil als Einstieg in ein bedingungsloses Grundeinkommen schwer erkennbar ist vermutlich eine von mehreren im »Bündnis Kindergrundsicherung« zusammengeschlossenen Organisationen (darunter die AWO, der Deutsche Kinderschutzbund, die GEW und Pro Familia) sowie einzelnen Wissenschaftler(inne)n vorgeschlagene Kindergrundsicherung. Sie soll die Armut von Kindern und Jugendlichen vermindern helfen, was zweifellos dringend erforderlich wäre, will die Bundesrepublik ihrem Anspruch als Sozialstaat gerecht werden, würde jedoch alle Kinder, Jugendlichen, Heranwachsenden und jungen Erwachsenen bis zum 27. Lebensjahr, unabhängig von ihrem Alter und ihren spezifischen Bedarfen, mit einem am kindlichen Existenzminimum orientierten und (von den Eltern) zu versteuernden Geldbetrag ausstatten, sie also letztlich über einen Kamm scheren. Gleichwohl empfahl Richard Hauser, einer der renommiertesten Armutsforscher hierzulande, seinerzeit eine Kindergrundsicherung in Höhe von 454 Euro, die von der maximalen Steuerersparnis im obersten Einkommensbereich unter Ausnutzung sämtlicher Kinderfreibeträge abgeleitet war: »Nur ein Grundeinkommen für Kinder in der Ausgestaltung einer bedingungslosen und zu versteuernden Kindergrundsicherung ist eine realistische Form eines Grundeinkommens. Auf deren Einführung sollten die Anstrengungen der Politik gerichtet sein, wenn sie Kinderarmut wirklich bekämpfen will.«[25]

5.3 Die bedarfsgerechte Mindestsicherung im Rahmen einer solidarischen Bürgerversicherung

An die Stelle einer kapitalistischen Marktgesellschaft, in der Konkurrenz, ökonomische Effizienz und soziale Selektivität herrschen, muss ein *inklusiver* Sozialstaat treten,[26] der Arme nicht ausgrenzt, sondern einschließt und sie u. a. mittels kompensatorischer Transferleistungen zu gleichberechtigter politischer Partizipation befähigt. Es geht um eine nachhaltige Ermächtigung der Unterprivilegierten, die ohne eine grundlegende Änderung der im Finanzmarktkapitalismus bestehenden Eigentums-, Macht- und Herrschaftsverhältnisse

25 Richard Hauser, Ein Grundeinkommen – aber welches?, Nur als Kindergrundsicherung ist die Idee des Grundeinkommens realitätstüchtig. Sinnvoll wäre sie außerdem: Die Kinderarmut würde auf ein Viertel reduziert, in: Der Freitag v. 21.11.2010

26 Inklusion wird hier nicht als (sonder)pädagogisches, vielmehr als gesellschaftspolitisches Gestaltungsprinzip verstanden.

nicht möglich ist. Damit die Demokratie eine Regierungsform ist, in der sich alle wiederfinden – sonst handelt es sich ja gar nicht um eine »Herrschaft des Volkes« –, muss sie eine *soziale* Demokratie sein, die Armut energisch bekämpft. Tut sie das nicht, werden jene Gesellschaftsmitglieder am meisten enttäuscht, die ihre personelle Basis bilden müssten. Vor allem in einem Land, das nach wie vor unter dem geistig-politischen Einfluss des Neoliberalismus steht und daher stark auf Leistung und ökonomischen Erfolg setzt, bedeutet die Hartz-IV-Bedürftigkeit nicht bloß, dass ein Mangel an prestigeträchtigen Konsumgütern besteht, sondern auch, dass hiermit ein Makel verbunden ist, der das Selbstwertgefühl davon Betroffener erschüttert.

In den Diskussionen zur Sozialpolitik gab es während der vergangenen Jahrzehnte nur einen einzigen Vorschlag, der größere Aufmerksamkeit in der Öffentlichkeit fand, ohne Leistungskürzungen und/oder finanzielle Entlastungen für Besserverdienende zu beinhalten: die Bürgerversicherung. Hier soll nicht bloß erörtert werden, welche unterschiedlichen Modelle sich in der Diskussion von Wissenschaftler(inne)n, Politiker(inne)n und Parteien befinden, sondern auch, ob eins davon geeignet ist, die Strukturprobleme des deutschen Wohlfahrtsstaates zu lösen, oder ob sie gleichfalls in eine Sackgasse führen. Plädiert wird für die allgemeine, einheitliche und solidarische Bürgerversicherung als konsequente Weiterentwicklung des von Bismarck begründeten Sozialversicherungssystems für Industriearbeiter, das Heim-, Land- und Forstarbeiter, Angestellte sowie einen kleinen Teil der Selbstständigen sukzessive einschloss, allerdings noch stärker geöffnet werden muss, damit es eine wirkliche Alternative zum jahrzehntelangen »Um-« bzw. Abbau des Wohlfahrtsstaates bilden kann.

Frank Nullmeier, Hochschullehrer für Politikwissenschaft an der Universität Bremen, begründet die Notwendigkeit, eine Bürgerversicherung einzuführen, überzeugend mit Modernisierungsrückständen des bestehenden, teilweise noch immer ständisch gegliederten Sozialsystems der Bundesrepublik: »In einer sich ausweitenden Marktgesellschaft, in der jeder als Marktakteur hohen Mobilitätsanforderungen ausgesetzt ist und Berufe und Arbeitsplätze häufiger wechseln, zudem die Gefahr der Arbeitslosigkeit in allen Berufsbereichen besteht, ist eine berufsständische Orientierung der sozialen Sicherungssysteme nicht mehr angemessen. Sie ist nicht mehr vertretbar, weil Übergänge zwischen den Sektoren zur Regel werden und kein Sektor mehr die Sicherheit einer lebenslangen Zugehörigkeit bieten kann.«[27] Diether Döring hält die Einbeziehung aller Formen der Erwerbstätigkeit in die Sozialversicherungspflicht gar für eine »Überlebensfrage« des deutschen Sicherungssystems: »Dies würde zu mehr Chancengleichheit im Wettbewerb verschiedener Erwerbsformen beitragen, Sicherungslücken bei heute nicht selten ›gemischten‹ Erwerbsbiografien vermeiden und tendenziell die Beiträge für Versicherte und Arbeitgeber senken.«[28]

Nötig wären mehr Mindestsicherungselemente und wirksame Fördermaßnahmen für sozial Benachteiligte. Wenn es gelingt, die Sozialversicherung auf der Beitragsseite durch ihre »Verbreiterung« bzw. »Verbürgerlichung« finanziell zu konsolidieren, kann sie auf der Leistungsseite generöser und damit universeller sein. Die solidarische Bürgerversicherung zeichnet sich denn auch strukturell durch mehr Großzügigkeit aus, vor allem gegenüber Mitgliedern, deren materielle Basis nicht ausreichend gesichert erscheint: »In alle Sozialversicherungstrans-

---

27 Frank Nullmeier, Leistungsfähigkeitsprinzip und Generationengerechtigkeit als Legitimation der Bürgerversicherung, in: Wolfgang Strengmann-Kuhn (Hg.), Das Prinzip Bürgerversicherung. Die Zukunft im Sozialstaat, Wiesbaden 2005, S. 59

28 Diether Döring, Überlegungen zur Nachhaltigkeit des deutschen Sozialstaatsmodells, in: Siegfried Frech/Josef Schmid (Hg.), Der Sozialstaat. Reform, Umbau, Abbau?, Schwalbach im Taunus 2004, S. 160 f.

fers müssten Elemente von Grund- und Existenzsicherung eingebaut bzw. dieselben ausgeweitet werden.«[29]

Zwar ist die Idee, das System der sozialen Sicherung durch seine sukzessive Ausdehnung auf die ganze Bevölkerung sowohl finanziell leistungsfähiger und stabiler wie auch gerechter zu machen, keineswegs neu. Aber das Konzept einer Bürger-, Erwerbstätigen- bzw. Volksversicherung gewann erst in jüngster Zeit so stark an öffentlicher Resonanz, dass es unter näher zu bestimmenden Voraussetzungen und politischen Machtverschiebungen zu einer realistischen Zukunftsoption avancieren könnte. Hinzu kommt, dass die Absicht, »eine Sozialversicherung für alle« zu gründen, viele Befürworter/innen in unterschiedlichen Bevölkerungsschichten findet.

Statt eines Ab- oder Rückbaus des Wohlfahrtsstaates, wie ihn seit der Weltwirtschaftskrise 1974/75 sämtliche Bundesregierungen betreiben, wäre ein Um- und Ausbau des bestehenden Systems zu einer Sozialversicherung aller Bürger/innen nötig. »Modelle der StaatsbürgerInnen-, Erwerbstätigen- oder EinwohnerInnenversicherung können einen neuen grundlegenden Expansions- und Inklusionsschritt ohne institutionellen Bruch einleiten. Mit diesem Instrumentarium böte die Sozialversicherung zum ersten Mal in ihrer bundesdeutschen Geschichte soziale Teilhabe für die gesamte Bevölkerung. Die Sozialversicherung vermag sich immanent zu universalisieren und zu öffnen für ein Konzept sozialer Bürgerschaft.«[30]

---

29 Andreas Bachmann, Eine Politik sozialer Menschenrechte in Zeiten von Verarmung und Repression. Dokumentation einer Tagung des Komitees für Grundrechte und Demokratie in Kooperation mit der Evangelischen Akademie Arnoldshain vom 12. bis 14. September 2003 in Arnoldshain, Köln 2004, S. 72

30 Frank Nullmeier / Friedbert W. Rüb, Erschöpfung des Sozialversicherungsprinzips? – Gesetzliche Rentenversicherung und sozialstaatlicher Republikanismus, in: Barbara Riedmüller / Thomas Olk (Hg.), Grenzen des Sozialversicherungsstaates, Opladen 1994 (Leviathan-Sonderheft 14), S. 63

Es wäre nur konsequent, das Sozialversicherungssystem zu einer Volksversicherung auszubauen, die Versicherungspflicht zu erweitern, damit die Basis des Versicherungssystems zu verbreitern und den Kreis der Beitragszahler/innen allmählich zu schließen. »Den Veränderungen am Arbeitsmarkt muß durch die Ausdehnung der Versicherungspflicht Rechnung getragen werden. Da sich Selbständigkeit und Scheinselbständigkeit nicht trennscharf abgrenzen lassen und die fließenden Übergänge zwischen abhängiger und selbständiger Arbeit an Bedeutung gewinnen werden, bedarf es in der Konsequenz einer Versicherungspflicht *aller* Erwerbstätigen, einschließlich jener Gruppen, die bislang in Sondersystemen bzw. zu besonderen Bedingungen abgesichert sind (Beamte, Landwirte, Handwerker, Künstler, freie Berufe).«[31]

So wichtig es wäre, alle Erwerbstätigen »unter einem Dach« zu versichern,[32] so wenig Sinn hat es, Nichterwerbsfähige und Erwerbslose auszugrenzen. Da die zuletzt genannten Gruppen nach denselben Prinzipien rentenversichert sein müssten, ist der Erwerbstätigen- eine Bürgerversicherung vorzuziehen. Bei der Letzteren tritt ein neues Problem auf, das allerdings durch Sonderregelungen lösbar erscheint: Nichterwerbstätige, die von Kapitaleinkünften oder Miet- bzw. Pachteinnahmen leben, erhalten diese auch nach dem Eintritt ins Rentenalter, müssten jedoch von einer Bürgerversicherung, in die sie bis dahin regelmäßig eingezahlt haben, womöglich aus verfassungsrechtlichen Gründen ebenso bis zum Tod alimentiert werden wie Erwerbstätige, deren Haupteinkommensquelle (Lohn oder Gehalt) mit dem Erreichen des Ruhestandes versiegt.

---

31 Gerhard Bäcker, Die Zukunft der Alterssicherung. Wahlkampf um das richtige Renten-Konzept, in: Soziale Sicherheit 6/1998, S. 211 (Hervorh. im Original)

32 Vgl. Kerstin Windhövel / Claudia Funke / Jan-Christian Möller, Fortentwicklung der gesetzlichen Rentenversicherung zu einer Erwerbstätigenversicherung, Düsseldorf 2011

Wenn das System der sozialen Sicherung trotz der Umbrüche im Arbeitsleben und des Wandels der Lebensformen funktionsfähig erhalten werden soll, sind zwar tiefgreifende Reformen nötig, die aber in eine ganz andere Richtung zielen müssten, als es die Regierungspolitik bisher tat. Während sämtliche Bundesregierungen auf die sich häufenden Krisenerscheinungen des gegenwärtigen Wirtschafts- und Beschäftigungssystems mit teilweise gravierenden Leistungskürzungen und Verschärfungen der Anspruchsvoraussetzungen im Sinne eines Sozialabbaus reagierten, wodurch sie – nicht zuletzt bei direkt Betroffenen – immer mehr Schwierigkeiten heraufbeschworen, müsste man das System so umstrukturieren, dass es den durch die fortschreitende Globalisierung, Modernisierung und Individualisierung steigenden Anforderungen besser gerecht wird. Dabei geht es im Unterschied zum BGE nicht um einen Systemwechsel, sondern um eine genau durchdachte Weiterentwicklung des bestehenden Sozialsystems, verbunden mit innovativen Lösungen für Problemlagen, die aus den zuletzt stark veränderten Arbeits- und Lebensbedingungen resultieren.

An die Stelle der bisherigen Arbeitnehmer- muss eine allgemeine, einheitliche und solidarische Bürgerversicherung treten. *Allgemein* zu sein heißt, dass sie im Sinne einer Bürger*sozial*versicherung sämtliche dafür geeigneten Versicherungszweige übergreift: Kranken-, Pflege- und Rentenversicherung müssten gemeinsam und nach denselben Organisationsprinzipien restrukturiert werden. Selbst aus rein taktischen Erwägungen ist es nicht sinnvoll, die öffentliche Debatte über eine Bürgerversicherung auf *einen* Versicherungszweig zu beschränken, wie es viele Befürworter/innen dieser Reformoption tun.[33] Hingegen

---

33 Vgl. z.B. Ursula Engelen-Kefer (Hg.), Reformoption Bürgerversicherung. Wie das Gesundheitssystem solidarisch finanziert werden kann, Hamburg 2004; Martin Pfaff/Heinz Stapf-Finé (Hg.), Bürgerversicherung – solidarisch und sicher!, Die Rolle von GKV und PKV, Beitragsgrundlagen, Leistungskatalog, rechtliche Umsetzung, Hamburg 2004

stellt die Gesetzliche Unfallversicherung insofern einen Sonderfall dar, als sie sich nur aus Beiträgen der Arbeitgeber (und staatlichen Zuschüssen) speist. Der einzige hier noch nicht erwähnte Versicherungszweig, die Arbeitslosenversicherung, könnte in eine »Arbeitsversicherung« umgewandelt werden, die nicht erst Leistungen erbringt, wenn der Risikofall eingetreten ist, und auch sämtliche Selbstständigen und Freiberufler/innen aufnehmen soll.[34]

Einheitlich zu sein heißt in diesem Zusammenhang, dass neben der gesetzlichen Bürgerversicherung keine mit ihr konkurrierenden Versicherungssysteme existieren. Private Versicherungsunternehmen müssten sich auf die Abwicklung bestehender Verträge (Bestandsschutz), mögliche Ergänzungsleistungen und Zusatzangebote beschränken. Damit bliebe auch nach der Gesundheitsreform neuen Typs ein weites Betätigungsfeld für die Privatassekuranz erhalten; ihre Existenz wäre also nicht gefährdet.

Solidarisch zu sein heißt, dass die Bürgerversicherung zwischen den ökonomisch unterschiedlich Leistungsfähigen einen sozialen Ausgleich herstellt. Nicht bloß auf Löhne und Gehälter, sondern auf sämtliche Einkunftsarten, also auch Zinsen, Dividenden, Tantiemen sowie Miet- und Pachterlöse, wären folgerichtig Beiträge zu erheben. Entgegen einem verbreiteten Missverständnis bedeutet dies nicht, dass Arbeitgeberbeiträge entfallen würden. »Für in abhängiger Beschäftigung erwirtschaftete Lohneinkommen könnte in einer Bürgerversicherung weiterhin die paritätische Beitragszahlung durch Arbeitnehmer und Arbeitgeber gelten. Auf alle anderen Einkommensarten

34 Vgl. Andrea Nahles, Entweder wir teilen die Arbeit oder die Arbeitslosigkeit teilt uns, in: Gernot Erler u. a., Mehrheiten mit Links. Werkstattberichte aus Berlin für eine Politik zur Gestaltung der Globalisierung, Bonn 2002, S. 135 ff.; dies. / Joachim Schuster, Das Modell Arbeitsversicherung. Vorschlag für eine soziale Reform, in: Frankfurter Rundschau v. 26.9.2003

würde der volle Beitragssatz erhoben.«[35] Der SPD-Gesundheitsexperte Karl Lauterbach hob an dieser Stelle hervor, dass die übermäßige Belastung kleiner Vermögen durch Einführung entsprechender Freibeträge zu verhindern wäre. Einen für alle Versicherten gleichen Freibetrag in der Sozialversicherung einzuführen, welcher sämtliche Arbeitnehmer/innen entlasten würde, was nach Meinung des DGB zu einer Verringerung der Erwerbslosigkeit führen könnte,[36] wäre ebenso wenig sinnvoll wie die Schaffung einer Progressionszone. Denn in beiden Fällen würde Niedriglohnbeschäftigung für Unternehmen attraktiver und das Armutsrisiko wachsen.[37]

Nach oben darf es im Grunde weder Versicherungspflicht- noch Beitragsbemessungsgrenzen geben, die es privilegierten Personengruppen erlauben würden, in exklusive Sicherungssysteme auszuweichen und sich ihrer Verantwortung für sozial Benachteiligte (ganz oder teilweise) zu entziehen. Hinsichtlich der Beitragsbemessungsgrenzen stünde zumindest eine deutliche Erhöhung an. Umgekehrt müssten jene Personen finanziell aufgefangen werden, die den nach der Einkommenshöhe gestaffelten Beitrag nicht entrichten können. Vorbild dafür könnte die Gesetzliche Unfallversicherung sein. Dort dient der Staat quasi als Ausfallbürge für Landwirte, Unfall-, Zivilschutz- und Katastrophenhelfer/innen sowie Blut- und Organspender/innen, aber auch für Kinder in Tagesbetreuung, Schüler/innen und Studierende.[38]

---

35 Karl Lauterbach, Ein Modell der Bürgerversicherung, in: Bündnis 90 / Die Grünen (Hg.), Bürgerversicherung. Eine für alle, Berlin o. J., S. 10

36 Vgl. Heinz Putzhammer, Kleine Einkommen entlasten. Neue Forschungsergebnisse stützen den DGB-Vorschlag für einen Freibetrag in der Sozialversicherung, in: Frankfurter Rundschau v. 13.12. 2003

37 Vgl. Alexander Petring, Entlastung im Niedriglohnbereich – Ausweg oder Irrweg?, in: Friedrich-Ebert-Stiftung, Abteilung Wirtschafts- und Sozialpolitik (Hg.), WISO direkt, März 2011, S. 3 f.

38 Vgl. dazu: Tobias Schlaeger / Myra Linder, Unfallversicherung für Kinder in Tagesbetreuung, Schüler und Studierende, Baden-Baden 2011

*Bürger*versicherung heißt, dass alle Personen aufgenommen werden, und zwar unabhängig davon, ob sie erwerbstätig sind oder nicht. Da sämtliche Wohnbürger/innen in das System einbezogen wären, blieben weder Selbstständige, Freiberufler/innen, Beamte, Abgeordnete und Minister noch Ausländer/innen mit Daueraufenthalt in der Bundesrepublik außen vor. Einerseits geht es darum, die Finanzierungsbasis des bestehenden Sozialsystems zu verbreitern, andererseits darum, den Kreis seiner Mitglieder zu erweitern. Denn ihre wichtigste Rechtfertigung erfährt die Bürgerversicherung dadurch, dass sie den längst fälligen Übergang zu einem die gesamte Wohnbevölkerung einbeziehenden, Solidarität im umfassendsten Sinn garantierenden Sicherungssystem verwirklicht.

Bürger*versicherung* zu sein bedeutet schließlich, dass es sich um eine *Versicherungs*lösung handelt, also gewährleistet sein muss, dass ihre Mitglieder, soweit sie dazu finanziell in der Lage sind, selbst Beiträge entrichten und entsprechend geschützte Ansprüche erwerben.[39] Natürlich muss sich der Staat mit Steuergeldern am Auf- und Ausbau einer Bürgerversicherung beteiligen. Auf die öffentlichen Haushalte kämen dadurch erhebliche finanzielle Belastungen zu, die mit Hilfe einer sozial gerechteren, sich stärker an der ökonomischen Leistungsfähigkeit der Bürger/innen orientierenden Steuer- und Finanzpolitik leichter zu tragen wären. Dies gilt auch im Hinblick auf Sozialversicherungsbeiträge, wie sie vor allem die Bundesländer für ihre Beamt(inn)en zu zahlen hätten, wenn diese in eine Bürgerversicherung einbezogen würden.

Mittels der allgemeinen, einheitlichen und solidarischen Bürgerversicherung würden die Nachteile des deutschen Sozial(versicherungs)staates kompensiert, ohne dass seine spe-

---

39 Vgl. Dirk Ruiss / Gerhilt Dietrich, Bürgerversicherung und Kopfprämien: Reformoptionen im Vergleich, in: Die Krankenversicherung 5/2004, S. 127

zifischen Vorzüge liquidiert werden müssten. Basieren könnte sie auf dem von Thomas H. Marshall kurz nach dem Zweiten Weltkrieg entwickelten Konzept sozialer Staatsbürgerrechte.[40] Eine soziale Bürgergesellschaft bindet die Teilhabe ihrer Mitglieder an soziokulturelle und materielle Mindeststandards, deren Gewährleistung dem Wohlfahrtsstaat obliegt. Auf diese Weise würden soziale Sicherheit und Verteilungsgerechtigkeit gleichermaßen zum konstitutiven Bestandteil einer Form der Demokratie, die mehr beinhaltet als den regelmäßigen Gang zur Wahlurne, das leidliche Funktionieren des Parlaments und die Existenz einer unabhängigen Justiz.

SPD, Bündnis 90 / Die Grünen und DIE LINKE bekennen sich gleichermaßen zum Prinzip der Bürgerversicherung, haben aber völlig unterschiedliche Modelle entwickelt und vertreten sie bisher nicht mit der notwendigen Konsequenz. Die solidarische Bürgerversicherung wäre durch eine soziale Mindestsicherung zu ergänzen, die im Unterschied zu Hartz IV armutsfest, bedarfsgerecht und repressionsfrei sein muss. Beide sollten Teil eines möglichst schlüssigen Gesamtkonzepts zur Armutsbekämpfung, zum Erhalt des Lebensstandards breiter Bevölkerungsschichten sowie zur Umverteilung von Oben nach Unten sein, das unabhängig von den künftigen parlamentarischen und Regierungskonstellationen nur von einer starken außerparlamentarischen Bewegung durchsetzbar ist.

40 Vgl. Thomas H. Marshall, Staatsbürgerrechte und soziale Klassen, in: ders., Bürgerrechte und soziale Klassen. Zur Soziologie des Wohlfahrtsstaates, Frankfurt am Main / New York 1992, S. 33 ff.

Literaturauswahl

Basis-, Einführungs- und Überblicksliteratur

Böhnke, Petra/Dittmann, Jörg/Goebel, Jan (Hg.): Handbuch Armut. Ursachen, Trends, Maßnahmen, Opladen/Toronto 2018

Butterwegge, Christoph: Armut in einem reichen Land. Wie das Problem verharmlost und verdrängt wird, 4. Aufl. Frankfurt am Main/New York 2016

Butterwegge, Christoph: Ungleichheit in der Klassengesellschaft, 2. Aufl. Köln 2021

Dietz, Berthold: Soziologie der Armut. Eine Einführung, Frankfurt am Main/New York 1997

Frech, Siegfried/Groh-Samberg, Olaf (Hg.): Armut in Wohlstandsgesellschaften, Schwalbach im Taunus 2014

Groh-Samberg, Olaf: Armut, soziale Ausgrenzung und Klassenstruktur. Zur Integration multidimensionaler und längsschnittlicher Perspektiven, Wiesbaden 2009

Huster, Ernst-Ulrich/Boeckh, Jürgen/Mogge-Grotjahn, Hildegard (Hg.): Handbuch Armut und Soziale Ausgrenzung, 3. Aufl. Wiesbaden 2018

Schneider, Ulrich (Hg.): Kampf um die Armut. Von echten Nöten und neoliberalen Mythen, Frankfurt am Main 2015

Ursachen, Erscheinungsformen und Folgen der Armut in Deutschland

Butterwegge, Christoph: Hartz IV und die Folgen. Auf dem Weg in eine andere Republik?, 3. Aufl. Weinheim/Basel 2018

Chassé, Karl August: Unterschichten in Deutschland. Materialien zu einer kritischen Debatte, Wiesbaden 2010

Friedrichs, Julia/Müller, Eva/Baumholt, Boris: Deutschland dritter Klasse – Leben in der Unterschicht, Hamburg 2009

Gern, Wolfgang/Segbers, Franz (Hg.): Als Kunde bezeichnet, als Bettler behandelt. Erfahrungen aus der Hartz IV-Welt, Hamburg 2009

Hartmann, Kathrin: Wir müssen leider draußen bleiben. Die neue Armut in der Konsumgesellschaft, München 2012

Klinger, Nadja/König, Jens: Einfach abgehängt. Ein wahrer Bericht über die neue Armut in Deutschland, Berlin 2006

Lorke, Christoph: Armut im geteilten Deutschland. Die Wahrnehmung sozialer Randlagen in der Bundesrepublik und der DDR, Frankfurt am Main/New York 2015

Selke, Stefan: Schamland. Die Armut mitten unter uns, Berlin 2013

Kinder-, Jugend- und Altersarmut

Brosig, Magnus: Problem Altersarmut? – Reformperspektiven der Alterssicherung, Frankfurt am Main / New York 2014

Butterwegge, Carolin: Armut von Kindern mit Migrationshintergrund. Ausmaß, Erscheinungsformen und Ursachen, Wiesbaden 2010

Butterwegge, Carolin / Butterwegge, Christoph: Kinder der Ungleichheit. Wie sich die Gesellschaft ihrer Zukunft beraubt, Frankfurt am Main / New York 2021

Butterwegge, Christoph (Hg.): Kinderarmut in Deutschland. Ursachen, Erscheinungsformen und Gegenmaßnahmen, 2. Aufl. Frankfurt am Main / New York 2000

Butterwegge, Christoph / Bosbach, Gerd / Birkwald, Matthias W. (Hg.): Armut im Alter. Probleme und Perspektiven der sozialen Sicherung, Frankfurt am Main / New York 2012

Butterwegge, Christoph / Klundt, Michael / Belke-Zeng, Matthias: Kinderarmut in Ost- und Westdeutschland, 2. Aufl. Wiesbaden 2008

Chassé, Karl August / Zander, Margherita / Rasch, Konstanze: Meine Familie ist arm. Wie Kinder im Grundschulalter Armut erleben und bewältigen, 4. Aufl. Wiesbaden 2010

Fischer, Jörg / Merten, Roland (Hg.): Armut und soziale Ausgrenzung von Kindern und Jugendlichen. Problembestimmungen und Interventionsansätze, Baltmannsweiler 2010

Hammer, Veronika / Lutz, Ronald (Hg.): Neue Wege aus der Kinder- und Jugendarmut. Gesellschaftspolitische Rahmenbedingungen und sozialpädagogische Handlungsansätze, Weinheim / Basel 2015

Holz, Gerda / Richter-Kornweitz, Antje (Hg.): Kinderarmut und ihre Folgen. Wie kann Prävention gelingen?, München / Basel 2010

Hübenthal, Maksim: Soziale Konstruktionen von Kinderarmut. Sinngebungen zwischen Erziehung, Bildung, Geld und Rechten, Weinheim / Basel 2018

Klundt, Michael: Gestohlenes Leben. Kinderarmut in Deutschland, Köln 2019

Lutz, Ronald / Hammer, Veronika (Hg.): Wege aus der Kinderarmut. Gesellschaftspolitische Rahmenbedingungen und sozialpädagogische Handlungsansätze, Weinheim / München 2010

März, Daniel: Kinderarmut in Deutschland und die Gründe für ihre Unsichtbarkeit, Weinheim / Basel 2017

Ploetz, Yvonne (Hg.): Jugendarmut. Beiträge zur Lage in Deutschland, Opladen / Berlin / Toronto 2013

Rahn, Peter / Chassé, Karl August (Hg.): Handbuch Kinderarmut, Opladen / Toronto 2020

Wicher, Klaus (Hg.): Altersarmut: Schicksal ohne Ausweg? – Was auf uns zukommt, wenn nichts geändert wird, Hamburg 2017

Zander, Margherita (Hg.): Kinderarmut. Einführendes Handbuch für Forschung und soziale Praxis, 2. Aufl. Wiesbaden 2010

Zander, Margherita: Laut gegen Armut – leise für Resilienz. Was gegen Kinderarmut hilft, Weinheim / Basel 2015

Kampf gegen die Armut oder gegen die Armen?

Geremek, Bronislaw: Geschichte der Armut. Elend und Barmherzigkeit in Europa, München 1991

Jütte, Robert: Arme, Bettler, Beutelschneider. Eine Sozialgeschichte der Armut, Weimar 2000

Sachße, Christoph / Tennstedt, Florian (Hg.): Bettler, Gauner und Proleten. Armut und Armenfürsorge in der deutschen Geschichte, 2. Aufl. Frankfurt am Main 1998

Sachße, Christoph / Tennstedt, Florian: Geschichte der Armenfürsorge in Deutschland, 3 Bde., Stuttgart / Berlin / Köln 1980 ff.

Simon, Titus: Wem gehört der öffentliche Raum? – Zum Umgang mit Armen und Randgruppen in Deutschlands Städten. Gesellschaftspolitische Entwicklungen, rechtliche Grundlagen und empirische Befunde, Opladen 2001

Stratmann, Simon: Armutspolitik in Deutschland – Konzepte und Konflikte im Parteienwettbewerb. Studie zur Parteiprogrammatik seit den 1980er Jahren, Opladen / Berlin / Toronto 2015

Wacquant, Loïc: Bestrafen der Armen. Zur neoliberalen Regierung der sozialen Unsicherheit, 2. Aufl. Opladen / Berlin / Toronto 2013

(Schein-)Alternativen zur Armut

Blaschke, Ronald / Otto, Adeline / Schepers, Norbert (Hg.): Grundeinkommen. Geschichte – Modelle – Debatten, Berlin 2010

Blaschke, Ronald / Rätz, Werner (Hg.): Teil der Lösung. Plädoyer für ein bedingungsloses Grundeinkommen, Zürich 2013

Butterwegge, Christoph / Rinke, Kuno (Hg.): Grundeinkommen kontrovers. Plädoyers für und gegen ein neues Sozialmodell, Weinheim / Basel 2018

Flassbeck, Heiner (u. a.): Irrweg Grundeinkommen. Die große Umverteilung von unten nach oben muss beendet werden, Frankfurt am Main 2012

Kovce, Philip / Priddat, Birger P. (Hg.): Bedingungsloses Grundeinkommen. Grundlagentexte, Berlin 2019

Osterkamp, Rigmar (Hg.): Auf dem Prüfstand: Ein bedingungsloses Grundeinkommen für Deutschland?, Baden-Baden 2015 (ZfP-Sonderband 7)

Spies, Thomas: Die Bürgerversicherung. Zukunftsfähig und solidarisch, Frankfurt am Main 2006

Straubhaar, Thomas: Radikal gerecht. Wie das bedingungslose Grundeinkommen den Sozialstaat revolutioniert, Hamburg 2017

Strengmann-Kuhn, Wolfgang (Hg.): Das Prinzip Bürgerversicherung. Die Zukunft im Sozialstaat, Wiesbaden 2005

Werner, Götz W.: Einkommen für alle. Bedingungsloses Grundeinkommen – die Zeit ist reif, Köln 2018

Werner, Götz W. / Goehler, Adrienne: 1.000 Euro für jeden. Freiheit – Gleichheit – Grundeinkommen, Berlin 2010